별별학습코칭 워크북

나다운 배움으로 자기주도학습 역량을 키우기 위한 활동지

나는 꽃이다
아직 피지 않은 꽃

나는 별이다
보이지 않는 낮 별

이미 꽃이고 별이다

별별학습코칭(상, 하권) - 김선자, 김현미, 백선아, 백수연, 이규대, 이효선, 최경산 저

별별학습코칭 목차

PART 01 — 나를 알아가는 배움 … 4

- 마음 엑스레이 6
- 내 안의 디딤돌 찾기 7
- 꿈 선언서 8
- 멋진 공부를 소개합니다 10
- 나의 3X 만들기 11
- 나의 목표 달성표(1) 12
- 나의 1/2목표 달성표(2) 13
- 나의 써클맵 목표 달성표(3) 14
- 나를 빛나게 하는 허니꽃 15

PART 02 — 학습유형의 이해 … 16

- 학습유형 간편 체크리스트 18
- 학습유형별 학습코칭 19
- 학습유형별 특징 20
- 도형으로 나를 표현하기 21
- 도형으로 OO을 표현하기 22

PART 03 — 시간관리 전략 … 23

- 인생시계 24
- 시간관리의 걸림돌 25
- 시간은 OO이다 26
- 10분 안에 다함 27
- OO을 아름답게 하는, 10분 28
- 168만원이 입금되었습니다 30
- 시간과 OO의 공통점 & 차이점 31
- 일주일의 시간을 찾아서 32
- 숨은 시간을 찾아서 33
- 나의 시간을 찾아서 34
- 우선순위 매트릭스 35
- 지속가능한 시간관리, STAR전략! 36
- 일에도 순서가 있다(큰돌-자갈-모래) 37
- 일일 계획표 38
- 주간 계획표 39
- 나만의 계획표 디자인 40

PART 04 기억 전략   42

- 내 이름을 기억해줘 42
- 읽기/ 기록 실습(내용) 44
- 기억의 저장소(1) 57
- 기억의 저장소(2) 58
- 기억의 저장소(3) 59

PART 05 읽기 전략   60

- 나/ 우리에게 읽기란? 61
- 읽기 전략, SQ4R –SQ로 시작하기 64
- 읽기 전략, SQ4R –4R로 완성하기 67

PART 06 질문 전략    73

- 질문연습 74
- 질문-대답 관계(QAR) 모형 75
- 질문-대답 관계(QAR) 모형-실습① 76
- 질문-대답 관계(QAR) 모형-실습② 77

PART 07 기록 전략   78

- 일반 유선 80
- 코넬식 82
- T자형-유선 84
- T자형-무선 86
- 마인드맵(무지) 88
- 격자 90
- 토론형 92
- 도쿄대 94
- 씨앗노트 96

나를 알아가는 배움

학습코칭이 무엇인가요?

학습코칭은 학습과 코칭이 합쳐진 단어입니다. 학습이란 배울 학(學)에 익힐 습(習)으로 '배워서 익힌다'라는 뜻입니다. '코칭(Coaching)'은 개인의 잠재력을 펼쳐 수행을 극대화하도록 지원하는 것입니다. 즉, 학습코칭이란 학생의 학습을 촉진하고 도와주는 것입니다.

학습코칭의 영역

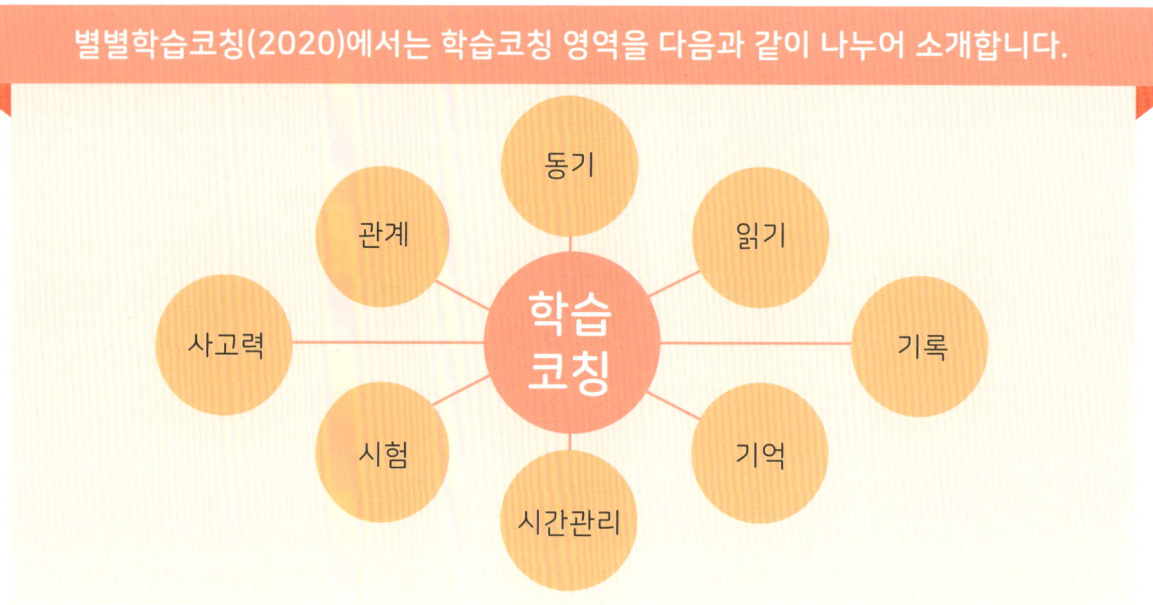

별별학습코칭(2020)에서는 학습코칭 영역을 다음과 같이 나누어 소개합니다.

학습코칭의 8가지 영역은 서로 연결되어 있습니다. 예를 들어 교사와 좋은 관계를 맺고자 하는 마음이 공부 동기가 되어 수업 시간에 배움이 더 잘 일어날 수 있게 합니다. 또한, 교과서를 읽고 핵심을 잘 찾으면 노트 필기를 잘 할 수 있고 그 노트를 복습에 활용하면 더 잘 기억할 수 있습니다. 또한, 시간 관리를 잘하면 스스로 공부하는 시간을 좀 더 많이 확보할 수 있어 시험을 잘 보는 데 도움이 되기도 합니다. 이처럼 각각의 영역들은 다른 영역을 수행하는 데 영향을 미칩니다. 8가지 영역을 꼭 차례대로 적용해야 하는 것은 아니며 학생들의 필요와 교사의 판단에 따라 코칭 순서를 바꿀 수 있습니다.

관계와 동기 세우기

학습코칭에서 제일 중요한 것은 관계 세우기와 동기 세우기입니다. 자신과의 관계 세우기, 타인과의 관계 세우기, 그리고 공부에 대한 철학을 세우는 공부와의 관계 세우기를 포함합니다. 이때 학생들 스스로 공부 철학을 세우도록 하여 공부 동기를 높일 수 있습니다. 학습코칭의 8가지 영역마다 구체적인 전략을 적용하기에 앞서서 동기부여를 하는 과정이 필요하며 동기부여가 잘 될수록 코칭의 효과는 높아질 수 있습니다.

공부 동기

　교실 속 학습코칭에서는 공부 동기를 '공부하고자 하는 마음을 일으켜 바람직한 방향으로 공부하며 가치 있는 연대를 통해 공부를 지속하도록 하는 내적인 상태'라고 새롭게 정의했습니다. 이러한 공부 동기를 세우기 위해서는 학생들의 자율성, 유능감, 관계성의 욕구를 들여다보아야 합니다. 이 욕구가 채워지면 자연스럽게 공부 동기가 생겨나게 됩니다. 이 세 가지 욕구는 서로를 뒷받침할 뿐만 아니라 긍정적인 순환고리를 만들어 냅니다.

진짜 공부를 합시다!

　대다수의 사람은 '다른 사람도 그런데 뭐'하면서 '공부'에 대한 자기 철학을 세우는 과정을 피하려 합니다. '그냥 열심히 하면 어떻게 되겠지…'하고 되뇌며 '학습 노동'에 참여하는 현실을 생각해보면 충분히 이해가 되는 대목입니다. 그렇지만 '배움의 기쁨을 회복' 시키고 자신과 사회를 변화시키는 '진짜 공부'를 할 수 있도록 돕기 위해서는 기존에 우리가 생각해왔던 공부 개념에 대한 '탈학습(unlearning)'은 불가피하다고 생각합니다. 유효기간이 다 된 공장식 교육 체계의 산물인 공부에 대한 낡은 생각을 철저히 덜어내려는 자기 혁신이 필요합니다. 시대에 뒤처진 일을 더 잘 하려고 하기보다는, 미래를 위해 더 바람직한 일을 하려는 자기 혁신의 자세가 필요합니다.

> **공부는 '세상'이라는 학교에서 '삶'이란 과목을 통해
> 자신과 타인의 성장에 기여할 수 있는 힘과 태도를 기르는 과정이다.**

　첫째, 공부는 인생의 한 시기에만 필요한 활동이 아니라 삶이 지속하는 한 계속되어야 하는 지속적인 활동입니다. 그렇기 때문에 '인생이라는 좀 더 큰 학교'에서 필요한 '평생의 업(業)'인 공부를 위해서는 '제대로 된 학습방법'을 배우고 익힐 필요가 있습니다.

　둘째, 공부를 시험 대비를 위한 교과 공부로 제한하는 관점에서 벗어날 필요가 있습니다. '학교'의 의미를 '인생'으로 좀 더 확장하여 본다면, 공부란 인격을 닦는 수신(修身)을 통해 살아 있는 지식을 육체에 새겨 넣으며 지식과 삶이 분열되지 않고 하나로 연결되도록 하는 문제해결 과정으로 확장해 볼 필요가 있습니다.

　셋째, 궁극적으로 '어떤 목적으로 공부하는가?'라는 '방향성'에 대한 성찰이 필요합니다. 이기적인 욕망을 추구하는 도구로 전락한 '힘과 속도'의 공부는 개인을 파괴할 뿐만 아니라 더 나아가서 사회를 위험에 빠뜨릴 수 있습니다. 자기 이익 추구로 '수렴'되는 공부에서 벗어나야 합니다. 그리고 자신과 이웃, 세계 전체에 대한 관심과 사랑으로 '확산'되는 공부로 나아갈 때 '공부' 본래의 의미가 회복될 수 있습니다.

　어떤 공부를 하기 위해 지금 책상 앞에 앉아 있는지를 스스로 질문할 때 삶에 힘이 붙고 눈에는 열정이 뿜어져 나올 것입니다.

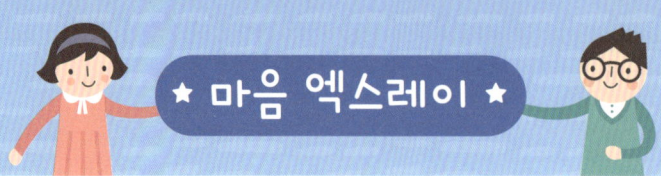

★ 마음 엑스레이 ★

STEP. 1 '공부' 하면 떠오르는 생각이나 감정을 나타내는 단어를 고르세요.

당당한	뭉클한	사랑스런	신나는	씩씩한	활기찬	뿌듯한	즐거운	흐뭇한	부푼
자신있는	감동적인	마음끌리는	재미있는	힘나는	생기있는	만족스러운	기쁜	흡족한	기대되는
신기한	후련한	편안한	차분한	믿음직한	고마운	공감하는	다정한	몰입하는	놀라는
희한한	홀가분한	긴장풀린	평화로운	자랑스러운	감사한	마음이통한	친근한	집중하는	깜짝놀란
멍한	긴장한	심심한	혼란스러운	그저그런	초조한	고민되는	불쌍한	지친	귀찮은
무감각한	조심스러운	지루한	어지러운	무관심한	떨리는	걱정스러운	가여운	피곤한	성가신
겁나는	부끄러운	답답한	섭섭한	쓸쓸한	미안한	당황한	아쉬운	소름끼치는	미심쩍은
두려운	민망한	불편한	서운한	외로운	죄스러운	난처한	후회스러운	무서운	의심스러운
서러운	좌절한	속상한	미운	화나는	질린	우울한	냉담한	불안한	괴로운
슬픈	암담한	억울한	밉상인	짜증나는	실망한	침울한	싸늘한	안절부절한	고통스러운

※ 출처: 스쿨토리(https://www.schooltory.net/)의 마음카드에 수록된 100개의 감정 단어들입니다.

마음카드 웹앱 QR
왼쪽의 QR을 찍어서 마음카드 웹앱을 활용하셔도 좋습니다.

마음카드 소형/대형
마음카드는 자신을 포함하여 다른 사람의 마음을 공감해 주는 50장의 카드입니다.

STEP. 2 내가 선택한 감정 단어는 무엇인가요?

STEP. 3 모둠 친구들은 어떤 단어를 선택했나요? 나의 공감 지수도 함께 써 보세요.

모둠원 (이름)	감정 단어	공감 지수 색칠 (0~10)

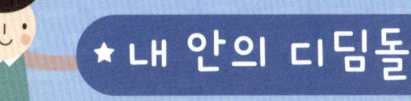

날 힘들게 하는 것
부족하다 느끼는 것
짜증 나는 것

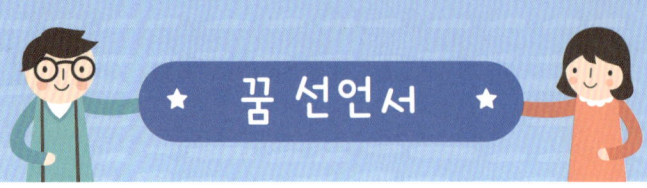

꿈 선언서

STEP. 1 마음이 끌리는 대상이나 영향력을 미치고 싶은 영역에 O 표시를 해보세요.

빅데이터	출판	인공지능	방송	가난한 사람
건축	노인	부동산	안전, 경호	동물 조련사
전기, 전자	농업	사법제도	축산업	맞춤형 여행개발
경영	동물 보호	사진	약학	아픈 사람
경제	통일	사회 복지	어린이	지역사회개발
사업	디자인	생물공학	은행, 보험	컴퓨터
관리	예술	서비스	해외 개발	여성 권리 신장
광고	청소년	성 문제	여행	매니저
교육, 학교	모델	수산업	잡지	컨텐츠 제작
국방, 군대	매체	스포츠	영업, 판매	환경, 자연보호
금융업	미혼모	신문	정치	에너지 개발
요식업	원예	종교	토목	이벤트 업종
우주 개발	노사 화합	증권	통신업	신재생에너지
미래학자	자동차	의학	상담	갈등조정

STEP. 2 이루고 싶은 것 또는 중요한 가치에 O 표시를 해보세요.

감사	검소	겸손	공평	용서	평화
마음나눔	명예	믿음	배려	보람	한결같음
봉사	사랑	성실	신중	약속	행복
양심	열정	예의	용기	유머	협동
이해심	인내	자신감	자유	정직	희생
존중	창의성	책임	친절	탁월함	성장
끈기	수용	진실	배움	정의	유연함
실천	도전	긍정	안전	소통	지혜

STEP. 3 관심이 가는 3개의 동사에 O 표시를 해보세요.

가르치다	세우다	깨닫다	감독하다	소유하다	사랑하다
수집하다	감동시키다	꿈꾸다	감상하다	참여하다	놀다
만족하다	말하다	가꾸다	만들다	창조하다	통과하다
감소시키다	수여하다	연결하다	판매하다	촉진하다	통합하다
명령하다	치유하다	연락하다	평가하다	추구하다	연구하다
개선하다	칭찬하다	포용하다	개정하다	믿다	표현하다
갖다	숙달하다	환수하다	모험하다	탐사하다	해방시키다
묵상하다	거래하다	쓰다	유지하다	토론하다	협상하다
견디다	결정하다	의사소통하다	발견하다	주장하다	협력하다
알다	여행하다	연합시키다	발전시키다	형성하다	향상시키다
제공하다	확인하다	영향을 미치다	상담하다	조직하다	번역하다
보여주다	존중하다	활발하게 하다	인도하다	생각하다	생산하다
일하다	보호하다	활용하다	지원하다	봉사하다	회복하다
저축하다	휴식하다	즐기다	빛내다	대접하다	기억하다

STEP. 4 1, 2, 3에서 선택한 단어를 가지고 나의 꿈 선언서를 작성해 봅시다.

나의 꿈 선언서

나_____의 꿈은

1. _____ 위하여/~과 함께
   (STEP 1. 영향력을 끼치고 싶은 대상)

2. _____ 의 가치를 세상 속에서
   (STEP 2. 핵심가치)

3. _____ , _____ , _____
   (STEP 3. 세 개의 동사)

★ 멋진 공부를 소개합니다

★ 영상을 보며 질문에 답해보세요. (영상: 세상을 바꾸는 시간 15분, 329회 세상을 치유하는 나눔 디자인)

1. 강연하시는 분의 이름은?

2. 교수님이 디자인하는 이유 세 가지는?
   1.
   2.
   3.

3. 90 : 10의 의미는?

4. 교수님이 말하는 디자인의 정의는?

5. 나눔 디자인에서 예로 든 세 가지를 적으면?
   1.
   2.
   3.

6. 씨드 프로젝트에서 예로 든 세 가지를 적으면?
   1.
   2.
   3.

7. 전 세계에서 대학 교육을 받을 수 있는 사람들의 비율은?

8. 정말로 소중한 것은 그냥 주어진 것이 대부분이라는 말이 나옵니다. 구체적으로 어떤 것들이 있을까요? (3가지 이상 적기)

 ★ 나의 3X 만들기 ★

나의 꿈☆은 _____ 입니다.

I _____ therefore I AM.

마음에 품고 실천하며 살아가겠습니다.

★ 나의 목표 달성표(1) ★

💡 만다라트를 통해 구체적인 나의 목표와 실천방안을 계획해요~!

만다라트는 브레인스토밍을 확장하여 하나의 주제에 대한 하위 주제를 설정하고 아이디어를 확산하는 데 도움이 돼요.

나의 목표 :

작성하는 순서?! 🟧 목표 → 🟦 목표에 대한 8가지 계획 → ☐ 각 계획에 대한 세부적인 실천방안

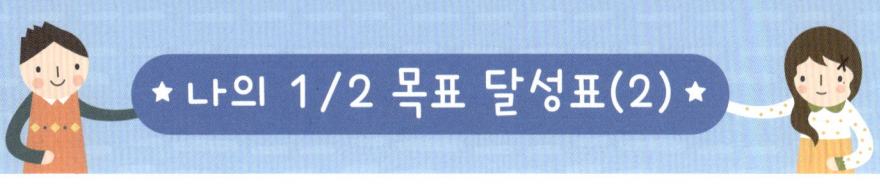

만다라트를 통해 구체적인 나의 목표와 실천방안을 계획해요~!

만다라트는 브레인스토밍을 확장하여 하나의 주제에 대한 하위 주제를 설정하고 아이디어를 확산하는 데 도움이 돼요.

나의 목표 :

작성하는 순서?!   ■ 목표 → ■ 목표에 대한 8가지 계획 → □ 각 계획에 대한 세부적인 실천방안

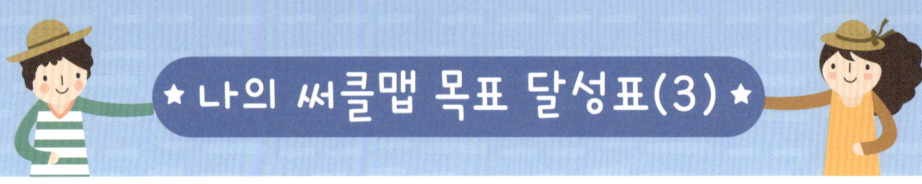

써클맵을 통해 구체적인 나의 목표와 실천방안을 계획해요~!

가장 안쪽 원에는 나의 목표를 쓰고 다음 원에는 목표에서 연상되는 단어나 생각, 경험, 알고 있는 것을 자유롭게 기록해요.

나의 목표 :

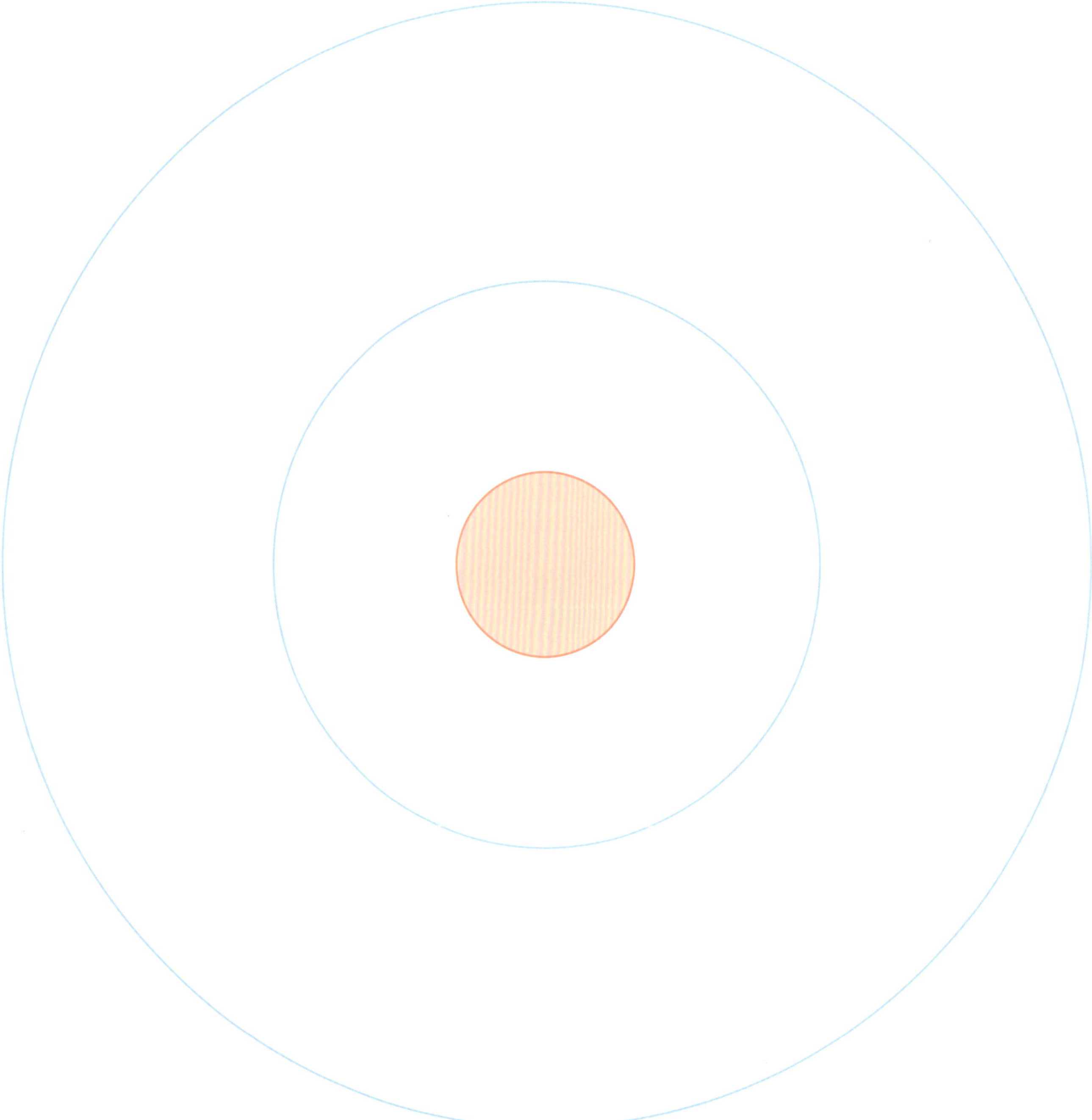

★ 나를 빛나게 하는 허니꽃 ★

나는 말야~

나를 표현하는 형용사, 좋아하는 과목과 이유, 고치고 싶은 습관, 오늘부터 시작하는 나의 실천 한 가지, 내가 좋아하는 음식, 나에게 힘을 주는 말 3가지, 나의 강점과 약점, 나의 관심 분야, 내가 듣고 싶은 말 등

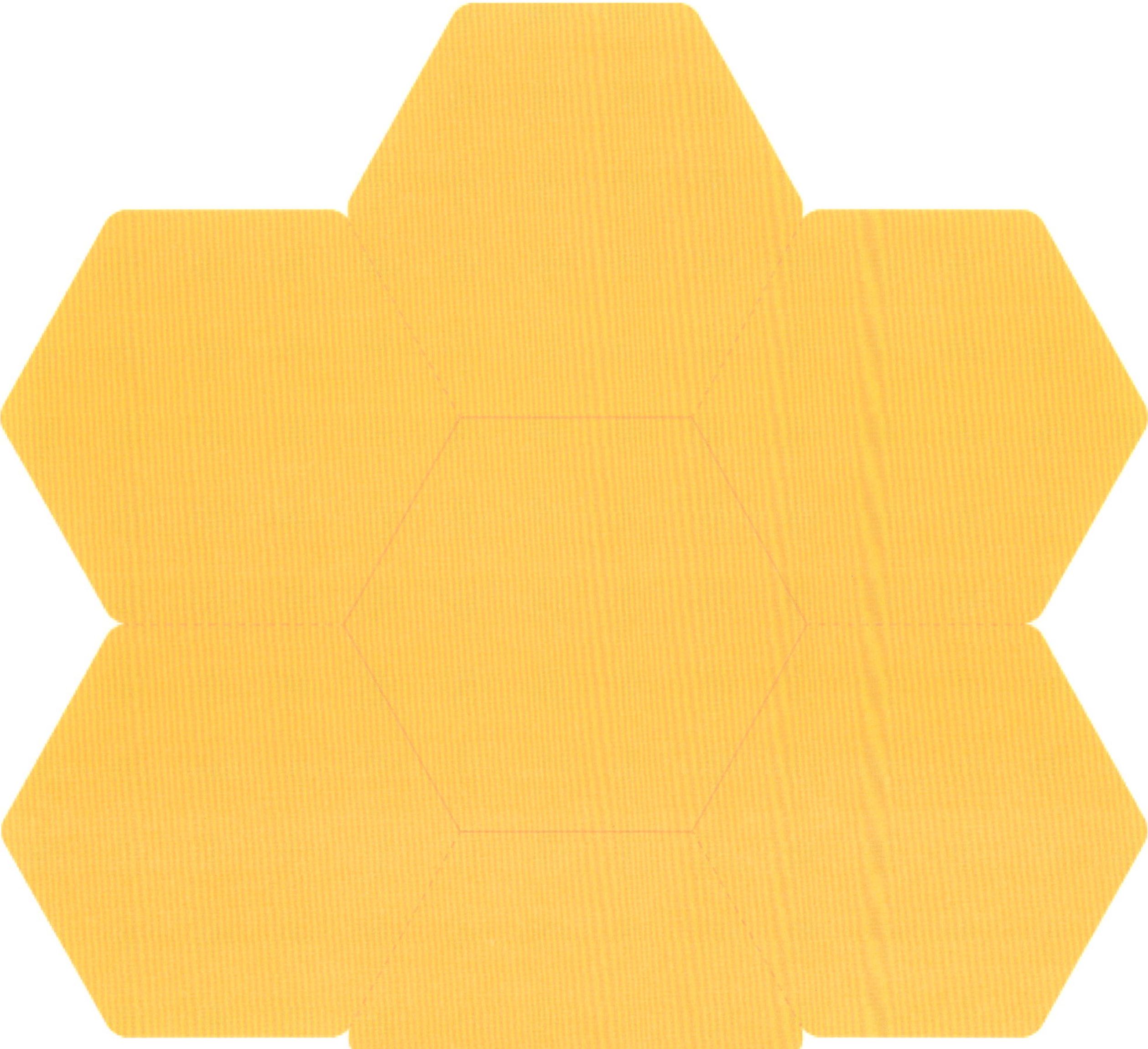

※ 출처: 스쿨토리(https://www.schooltory.net/)의 허니꽃 씽킹노트를 활용한 사례입니다. (위 이미지는 스쿨토리에 저작권이 있습니다.)

학습유형의 이해

| 4가지 사고 유형 |

수잔 델린저 박사의 도형심리학에 인지 유형, 사고 유형, 학습 감각 유형을 접목해 한국적 학습 유형이 만들어졌습니다. 학습 유형을 이해하는 데 먼저 4가지 사고 유형을 이해하는 것이 중요합니다. 사고 유형은 생각하는 방식을 말하는 것으로, 추상적 사고, 구체적 사고, 순차적 사고, 동시적 사고가 있습니다.

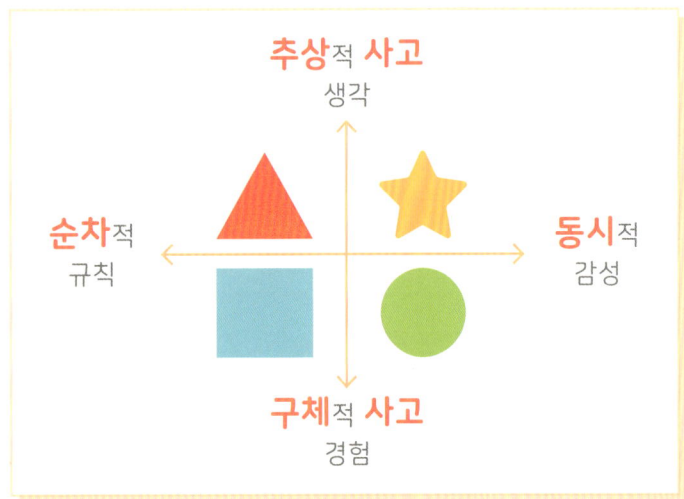

먼저 **추상적 사고**와 **구체적 사고**를 살펴보겠습니다. 세모형과 별형처럼 추상적인 사고를 주로 하는 사람은 생각하고 상상하는 것을 좋아하고 미래 지향적입니다. 네모형과 동그라미형처럼 구체적인 사고를 주로 하는 사람은 경험과 논리를 중시하며 현재를 중요하게 생각합니다.

두 번째로 **순차적 사고**와 **동시적 사고**를 살펴보면, 순차적 사고는 논리적인 특징을, 동시적 사고는 정서적인 특징을 갖습니다. 세모형과 네모형은 공통으로 순차적 사고를 합니다. 순차적 사고를 하는 학생들의 특징은 규칙을 중요시하며 성실하고 일관성이 있습니다. 동그라미형과 별형의 학생들은 여러 가지 일을 처리하는 동시적 사고가 가능합니다. 창의적이며 감성적이고 융통성이 있습니다.

사람들은 각자가 선호하는 사고 유형이 있고, 주로 쓰는 사고 유형에 따라 학습 유형을 나눌 수 있습니다. 네모형은 순차적 사고와 구체적으로 사고를 주로 합니다. 그래서 일관성 있게 구체적으로 자세히 설명해주는 것을 선호합니다. 세모형은 순차적 사고와 추상적 사고를 주로 합니다. 학습 내용을 너무 자세히 설명하면 지루해하고 요점만 간단히 설명하는 것을 선호합니다. 동그라미형은 동시적 사고와 구체적인 사고를 주로 합니다. 선생님이 친절하게 구체적으로 설명하는 것을 좋아합니다. 별형은 동시적 사고와 추상적 사고를 주로 합니다. 반복적이고 지루한 것을 싫어하고 창의직이고 재미있는 수업을 좋아합니다.

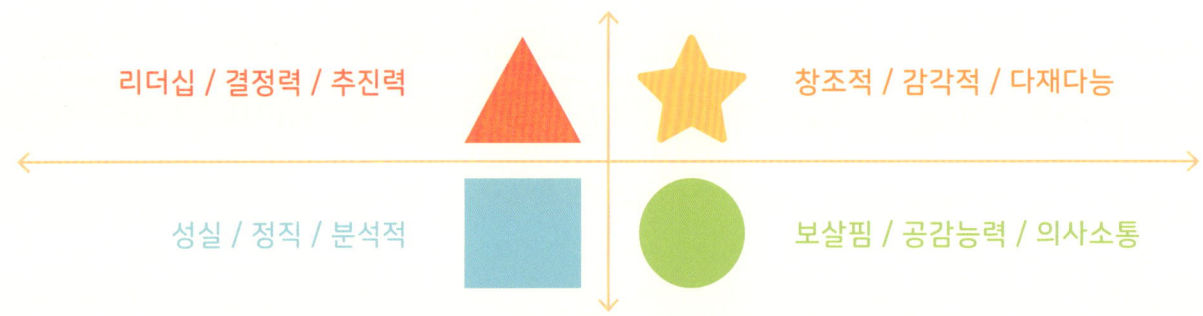

학습유형별 강점과 약점

네모형

　네모형의 강점은 공부나 주어진 일을 꼼꼼하고 체계적으로 한다는 것입니다. 완벽주의 성향이 있어 일의 완성도가 높고 인내심이 강합니다. 만약 학급의 반장이 네모형인 경우 교사가 지시하는 일을 인내심을 가지고 꼼꼼하게 처리해 교사에게 힘이 됩니다. 네모형의 꼼꼼함이 지나치면 깐깐하게 되어 약점으로 드러나고, 체계적으로 일을 처리하는 모습이 융통성이 부족한 약점으로 보이기도 합니다.

　공부나 일에 완벽을 추구해 좋은 성과를 이루지만 완벽을 추구하느라 결정을 미루거나 시간이 오래 걸리기도 합니다. 인내심이 강해서 주어진 공부나 과제를 끝까지 해내려고 노력하는 반면 모둠 과제를 성실히 하지 않거나 정해진 규칙을 지키지 않는 친구에 대해 냉담하기도 합니다.

세모형

　에너지의 방향이 위로 향하는 세모형 학생들의 강점은 정한 목표를 이루려는 의지가 강하다는 것입니다. 의욕이 앞서다 보니 일을 처리할 때 다소 감정 표현이 서툴러서 종종 모둠원의 마음을 상하게 합니다. 문제를 만났을 때 위기 대처능력이 있어 과제를 잘 처리하는 반면에 지는 것을 싫어하는 성향 때문에 상대와 갈등이 있을 수 있습니다.

　목표에 대한 추진력이 큰 강점이지만 공감 능력이 부족해 과제를 추진하는 과정에서 다른 의견을 말하는 친구들을 공감해주지 못하는 약점이 있습니다. 리더십이 있어 학급에서 주도적인 역할을 해내지만, 자기주장이 강해서 친구들의 의견을 수용하지 않아 갈등이 생기기도 합니다.

동그라미형

　다정다감하고 협동을 잘하며 남을 잘 돕는 동그라미형 학생은 협동하는 수업에서 가장 빛을 발합니다. 대인관계가 뛰어나 친구 관계가 좋습니다. 그에 반해 감정 기복이 심해 주변을 당황스럽게 하기도 합니다. 때때로 감정적으로 친구를 대하거나 폭력을 가해 물의를 일으키기도 합니다.

　시간 관리가 약해서 꾸준한 학습이 어렵습니다. 도서관에서 공부하다 친구가 매점에 가자고 하면 따라가 수다를 떠느라 시간을 다 보내기도 합니다. 정리를 잘하지 않아 책상 위나 책상 안, 사물함이 지저분할 때가 많습니다.

별형

　별형 학생은 활동적이고 바로 행동에 옮기는 것이 강점입니다. 또한 그림을 그리거나 글을 쓸 때 표현력이 좋으며 상상력도 풍부하고 자신의 감정을 솔직하게 표현합니다. 그래서 가끔 교사를 당황스럽게 하기도 합니다. 에너지의 방향이 여러 방향이다 보니 배우고 싶은 것도 많고, 목표도 쉽게 자주 바뀌기도 합니다. 관심 분야가 많다 보니 주의가 산만해 수업시간에 집중하지 못하기도 합니다. 규칙이 많고 유연하지 않은 환경을 힘들어하고, 관심 영역이 많다 보니 한 가지를 끈기 있게 완성하는 것이 부족하기도 합니다.

★ 학습 유형 간편 체크리스트 ★

이 체크리스트는 간편하게 **나에게 맞는 학습유형**을 알아보려는 것입니다.
연필 또는 볼펜으로 문항 옆에 있는 **네모 칸에 1~5점으로 평가**하세요.

전혀 그렇지 않다 1 • 그렇지 않다 2 • 보통이다 3 • 어느 정도 그렇다 4 • 매우 그렇다 5

문항	내용	A	B	C	D
1	규칙에 어긋나는 행동은 잘 하지 않는 편이다.	☐			
2	목표를 높이 세우는 편이다.		☐		
3	다른 사람의 필요를 빨리 알아채고 남을 잘 도와준다.			☐	
4	집중해야 할 때 산만하고 딴생각이 많이 나서 어려움을 겪는다.				☐
5	내 물건들은 정해진 위치나 자리가 있다.	☐			
6	수업은 주로 들으면서 이해하고 필기를 짜임새 있게 하지 않는다.		☐		
7	자신의 처지보다 타인이나 주변의 일에 관심이 많다.			☐	
8	호기심이나 흥미를 갖는 일이 많고 하고 싶은 일이 많아 한 가지를 끈기 있게 하기가 어렵다.				☐
9	자료를 잘 모으고 일할 내용도 정리를 꼼꼼하게 하는 편이다.	☐			
10	평소에 자신감이 넘쳐서 언제든지 해야 할 일을 잘할 수 있다고 생각한다.		☐		
11	다른 사람이 잔소리하고 훈계하면 스트레스를 많이 받는 편이다.			☐	
12	늘 새로운 생각과 아이디어가 많아 기분이 좋다.				☐
13	시끄러우면 일하는데 집중하기 힘들다.	☐			
14	때때로 현재의 일보다 미래의 목표와 일을 중요하게 여긴다.		☐		
15	일이 어려워지면 해결하려고 노력하기보다는 고민하느라 시간을 보낸다.			☐	
16	공부를 하면서 계획대로 끝까지 해본 적이 거의 없다.				☐
17	잘 짜진 계획을 좋아한다.	☐			
18	다른 사람이 말하는 내용이 내 생각과 다르면 질문을 잘 한다.		☐		
19	실천할 의지와 생각이 있지만, 현실적으로 계획을 세우거나 행동하기가 어렵다.			☐	
20	유행에 민감하고 환경 탓을 많이 하는 편이다.				☐
21	구체적이고 사실적인 내용을 신뢰하는 편이다.	☐			
22	내가 일하는데 원하는 환경을 만들려고 노력하는 편이다.		☐		
23	주변에 친한 친구들이 많은 편이다.			☐	
24	마음먹고 공부를 시작하더라도 감정 기복이 커서 작심삼일이 되기 쉽다.				☐
25	주어진 일을 충실하게 하려고 애쓰지만 때로는 스트레스가 되기도 한다.	☐			
26	어떤 일이든 코앞에 닥쳐서 하고 순발력과 융통성이 있다.		☐		
27	해결해야 할 내용이 어려우면 어떻게 해야 할지 방법적인 면에서 막막하다.			☐	
28	순발력이 뛰어나며 활동적인 편이다.				☐
	합계				

A: 네모형, B: 세모형, C: 동그라미형, D: 별형 ▶ 가장 높은 점수 순서 : ( )형, ( )형

★ 학습 유형별 학습코칭 ★

유형	학습 Type	
네모형	■ 단계적 학습 선호함	☐
	■ 메모와 기록을 잘함	☐
	■ 구체적인 것을 질문함	☐
	■ 사실적 데이터를 좋아함	☐
	■ 단답형, 선택형 시험에 강함	☐
	■ 과제 수행시 세부적인 질문이 많음	☐
	■ 예측 가능하고 구조화된 학습 상황을 선호함	☐
	■ 계획표 작성을 도와주면 이를 실천하는 능력이 뛰어남	☐
	■ 핵심 중심으로 노트를 필기하도록 코칭하는 것이 중요함	☐
세모형	▲ 지적 호기심이 강함	☐
	▲ 장기 목표 설정이 중요함	☐
	▲ 추상적 연구, 탐구 능력이 우수함	☐
	▲ 자신에 대한 동기부여 능력이 뛰어남	☐
	▲ 주관식 문제나 논술에 강함	☐
	▲ 핵심 파악 능력에 자기 생각을 추가함	☐
	▲ 모둠학습보다 개인 학습을 선호함	☐
	▲ 원리와 개념을 이해하는 과목을 선호함	☐
	▲ 핵심 위주의 노트 필기를 선호함	☐
동그라미형	● 교사에 대한 친밀감을 중시함	☐
	● 단계적 학습과 세부적인 파악이 약함	☐
	● 경쟁적 과제보다 협동적 과제를 선호함	☐
	● 주변 정리나 시간 관리를 어려워함	☐
	● 친숙한 친구들과의 소그룹 활동을 선호함	☐
	● 구체적인 공부 방법과 함께 동기부여가 중요함	☐
	● 여러가지 일을 동시에 처리하며 감성적이고 융통성이 있음	☐
	● 학습 내용과 관련된 주변 이야기를 구체적으로 해주면 좋아함	☐
	● 공부환경 조성이 어느 유형보다 필요함	☐
별형	★ 선택 가능한 과제를 선호함	☐
	★ 창의적인 학습에 관심이 높음	☐
	★ 예능 과목의 수업에 적극적이고 자유로운 학습환경 좋아함	☐
	★ 다양하고 창의적인 수업으로 집중하도록 하는 것이 효과적임	☐
	★ 학업 외 소질을 계발할 필요가 있음	☐
	★ 상상력을 발휘할 수 있는 과제에 흥미를 보임	☐
	★ 학습 목표를 작은 단위로 나누어 제시하는 것이 좋음	☐
	★ 동기부여가 학습 태도에 큰 영향을 미침	☐
	★ 흥미를 느끼는 영역을 진로 문제와 구체적으로 다루어야 함	☐

★ 학습 유형별 특징 ★

유형	아이(학생, 자녀)의 특징	성인(교사, 부모)의 특징
네모형	■ 맡은 일을 성실히 함 ■ 세세한 것에 대한 질문을 잘함 ■ 규칙을 잘 지키고 숙제를 철저히 함 ■ 깨끗이 정리정돈을 잘함 ■ 단계적 학습 선호하고 메모와 기록을 잘함 ■ 사실적 데이터를 좋아함 ■ 통제와 예측이 가능한 학습상황을 선호함 ■ 계획표 작성을 도와주면 실천 능력이 뛰어남 ■ 조용하고 진지함	■ 약속을 잘 지킴 ■ 융통성이 부족함 ■ 지저분한 상태 못 견딤 ■ 꾸준하고 모범적이며 규칙적인 일과를 보냄 ■ 신념이 확고하고 옳고 그름이 확실함 ■ 가치관과 정치관이 보수적임 ■ 감정 표현이 다소 약함 ■ 엄격하며 유머 감각이 부족함 ■ 절약과 저축을 강조함
세모형	▲ 핵심파악 능력이 뛰어남 ▲ 이의 제기에 적극적임 ▲ 실패를 두려워함 ▲ 지적 호기심이 강함 ▲ 최고가 되고 싶어 목표를 높이 세움 ▲ 경쟁적 상황을 즐김 ▲ 대담하고 야망이 많음 ▲ 자신에 대한 동기부여 능력이 뛰어남 ▲ 논쟁적이고 적극적임	▲ 지배 욕구가 있고 진취적임 ▲ 열심히 일하고 열심히 놈 ▲ 실용적이고 상식이 풍부함 ▲ 광범위한 인간관계를 형성함 ▲ 사고하고 결정을 내리는 것이 빠름 ▲ 에너지가 넘치고 생활패턴이 빠름 ▲ 실수를 잘 인정하지 않음 ▲ 충동적으로 결정을 내림 ▲ 아이들을 압박하며 우수하기를 바람
동그라미형	● 애정 표현을 잘함 ● 끊임없는 관심을 요구함 ● 결과보다 과정을 중시함 ● 학습 내용과 관련된 주변 이야기를 해주면 좋아함 ● 협동심이 강하고 남을 잘 도와줌 ● 자신의 겪은 모든 일을 말하고 싶어함 ● 자기 물건을 잘 공유함 ● 주변 정리와 시간 관리를 어려워함 ● 교사에 대한 친밀감을 중시함	● 칭찬을 잘함 ● 남의 말을 잘 들어 줌 ● 다정다감하고 잘 보살핌 ● 주변 정리가 부족함 ● 자신이 소속된 공동체에 헌신적임 ● 시간과 물질 등 모든 것에 관대함 ● 잘못되면 자신을 먼저 탓함 ● 진심으로 남을 배려함 ● 감정적임
별형	★ 배우고 싶은 것도 되고 싶은 것도 많음 ★ 선택 가능한 과제를 선호함 ★ 취미와 흥밋거리가 다양함 ★ 상상력이 풍부하고 창의적 학습에 관심이 높음 ★ 제시된 틀을 깨는 것을 좋아함 ★ 동기부여가 학습 태도에 큰 영향을 미침 ★ 관심이 없는 것은 집중하기 어려움 ★ 새로운 환경을 선호함 ★ 규칙을 지키는 것이 힘듦	★ 솔직함 ★ 유머 감각이 뛰어남 ★ 창의적이고 직관적임 ★ 끊임없이 변화를 모색함 ★ 다른 사람을 동기부여 잘함 ★ 사고방식이 긍정적임 ★ 새롭고 흥미로운 것을 좋아함 ★ 새로운 것에 관심이 많음 ★ 주의가 산만함

★ 도형으로 나를 표현하기 ★

학습유형별 특징을 살펴보고, 자신의 모습을 4가지 도형(★·●·▲·■)으로 위치와 크기를 정해 3-4가지 특징을 적어 표현해보자.

★ 도형으로 ○○을 표현하기 ★

who?

[예시]

의사소통을 잘함
주변정리
시간 관리 부족

구체적임
꼼꼼함
완벽추구
근면함
헌신적
사실적 데이터 좋아함

직관적

논리적, 리더십

시간관리 전략

누구나 한 번쯤은 새해를 준비하며 새로운 마음으로 다이어리를 사 본 적이 있을 겁니다. 한껏 기대를 품고 다이어리 맨 앞에 있는 연간 계획을 깨알같이 쓰고는 얼마 못 가 다이어리를 쓰지 않게 됩니다. 왜 이렇게 끝까지 사용하는 게 잘 안 될까요? 그런데 더 놀라운 것은 끝까지 써 본 적이 없음에도 불구하고 또 다시 연말이 되면 새해 다이어리를 산다는 것입니다. 그리고서 또 1년이 지나면 이 다이어리는 책장 어느 한 켠에 꽂혀 있게 됩니다. 사람들은 왜 해마다 다이어리를 사는 걸까요? 그 이유는 첫 마음, 기대를 가지고 무엇인가를 잘 시작하고 싶은 희망과 바람이 있기 때문이 아닐까요? 그 첫 마음을 지속하지 못하기 때문에 쓰다가 멈추게 된다고 생각합니다.

보통 '시간관리'라고 하면 촘촘한 계획표 또는 매일 해야 할 일을 빼곡히 적은 업무 다이어리를 흔히 떠올리게 됩니다. '계획을 잘 세워서 해야 할 일을 잊지 않고 잘 해내는 것'은 정말 중요합니다. 그런데 우리가 먼저 생각해보게 할 것은 시간을 관리해야 하는 이유와 목적, 시간관리를 지속하는 동기, 시간에 대한 가치와 소중함입니다.

> ### 시간은 '부족'의 문제가 아니라 '관리'의 문제다!
> — 피터 드러커 —

시간은 누구에게나 공평하게 주어진 것입니다. 피터 드러커의 말처럼 시간은 '부족'의 문제가 아니라 '관리'의 문제입니다. 어떻게 관리하느냐가 중요합니다. 훌륭한 시간관리 능력은 똑같은 재능과 능력을 지닌 사람들 가운데서 자신을 차별화하는 중요한 요소가 됩니다. 시간관리의 중요성을 깨닫고 올바른 시간관리 방법을 배우는 것이 필요합니다.

시간관리를 잘하기 위해 꼭 생각해보아야 할 주제는 바로 '시간의 가치'에 관한 것입니다. 시간관리는 학습코칭에 있어서 가장 실제적인 부분입니다. 학습 동기를 세우고 많은 구체적인 전략을 익혔다면 이제 우리의 시간 안에서 이 전략들을 구체적으로 실천하는 것이 남습니다. 우리에게 주어진 제한된 시간을 어떻게 관리하고 사용하느냐가 학습의 열매를 가져오기 때문입니다.

구체적인 시간관리 전략을 시작하기에 앞서 먼저 '내 삶에서 시간이 갖는 가치가 뭐지?, 시간관리를 왜 해야 해?, 시간관리를 하면 무엇이 좋지?' 등과 같은 질문에 스스로 답할 기회를 제공함으로써 시간관리에 대한 마음을 세우는 것이 중요합니다. 아무리 시간관리가 필요하다, 해야 한다고 말해도 스스로 해야 할 이유가 설명되지 않으면 지속하기 힘들기 때문입니다.

★ 나는 현재 몇 시인가요? ★

인생시계

Life Time

시각을 표시해 보고, 나의 인생에서 가장 빛나는 시간도 상상한 후 앞으로의 시간을 계획해보세요.

1년 = 16분 / 인생시계 계산법 = (자신 나이) X 16 ÷ 60

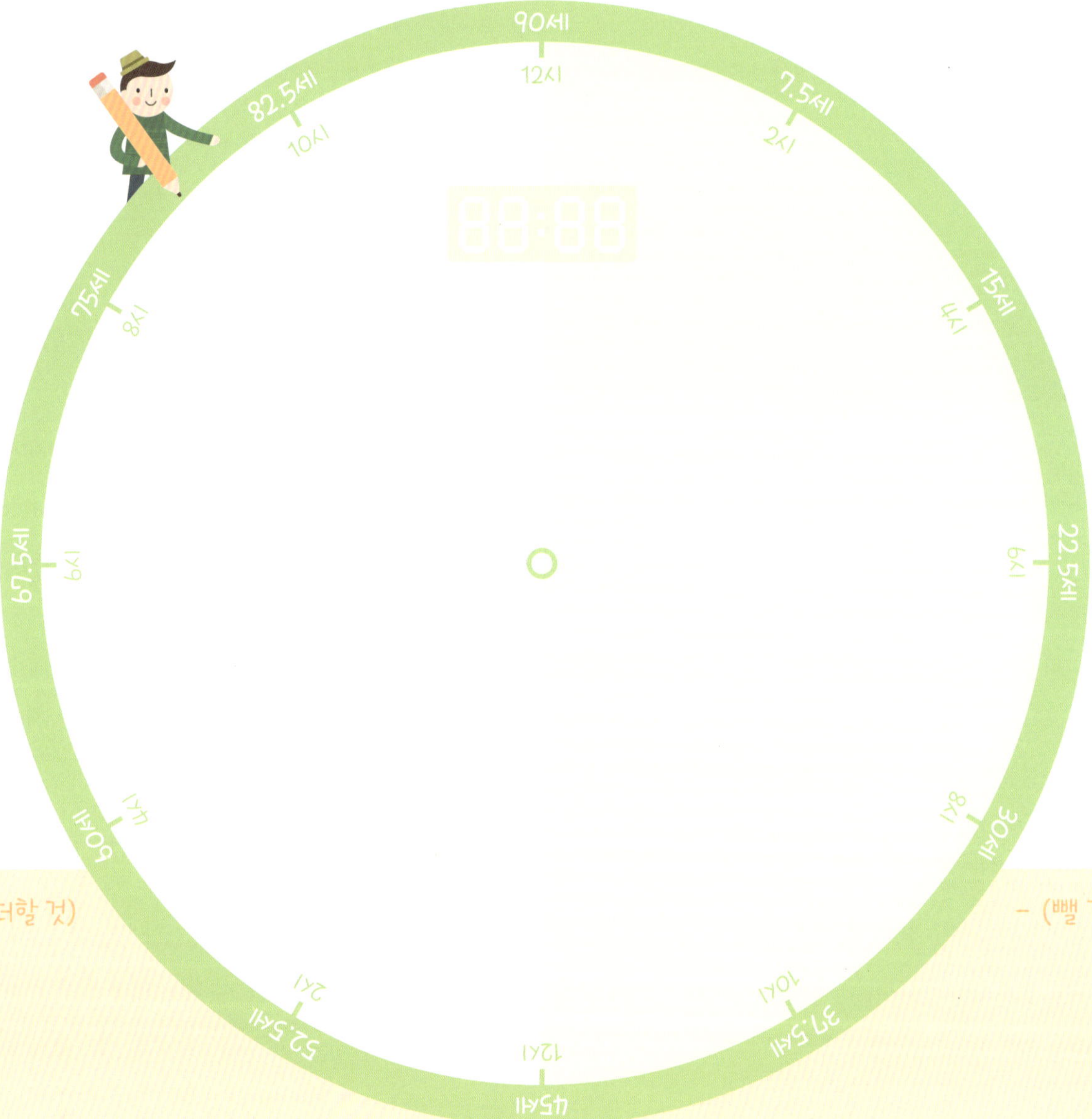

90세
12시
7.5세
2시
15세
4시
22.5세
6시
30세
8시
37.5세
10시
45세
12시
52.5세
2시
60세
4시
67.5세
6시
75세
8시
82.5세
10시
88:88

+ (더할 것)

- (뺄 것)

★ 시간관리의 걸림돌 ★

외부

내부

★ 시간은 OO이다 ★

"시간은 _____ 이다."

왜냐하면
_____이기 때문이다.

공통점?
1. _____
2. _____
3. _____

★ 할 수 있다!! ★

"10분 안에 다 多 함!!"

★ ○○을 아름답게 하는 10분! ★

예시를 참고하여, 생각카드 스티커로
활동해보세요~!

★ ○○을 아름답게 하는 10분! ★

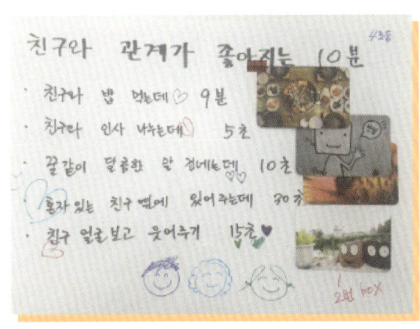

★ 168만원이 입금되었습니다 ★

힘모아 BANK

제한 시간에 10개 이상의 내역으로!!

거래 내역	입금	출금	잔액 (계산)
168만원이 입금되었습니다	1,680,000	–	
①		–	
②		–	
③		–	
④		–	
⑤		–	
⑥		–	
⑦		–	

거래 내역	입금	출금	잔액
⑧		–	
⑨		–	
⑩		–	
잔액		0 원	

01234567890123456

★ 시간과 ○○의 공통점 & 차이점

공통점

시간

일주일의 시간을 찾아서

평상시 내가 생활하는 지난 일주일의 시간을 생각해보고, 30분 단위로 무엇을 하며 보냈는지 적어봅시다. (생각나지 않는 시간은 빗금 표시 : 남는 시간)

	월	화	수	목	금	토	일
am. 0							
1							
2							
3							
4							
5							
6							
7							
8							
9							
10							
11							
pm. 12							
1							
2							
3							
4							
5							
6							
7							
8							
9							
10							
11							
남는시간	H M	H M	H M	H M	H M	H M	H M

★ 숨은 시간을 찾아서 ✌

1. 고정 시간 작성하기 (합 : _____ 시간)

> 시간 작성은 이렇게! 0.5단위로 적기
> ✔ 1시간 = 1.0   ✔ 2시간 = 2.0
> ✔ 3시간 20분 = 3.5   ✔ 4시간 30분 = 4.5

고정 시간은 내가 마음대로 사용할 수 없는 시간을 말합니다. 일주일 시간 중 고정 시간에 해당하는 시간을 작성해봅시다.

항 목	월	화	수	목	금	토	일	총 계
① 수면 시간								
② 식사 시간								
③ 씻는 시간								
④ 이동 시간								
⑤ 학교에서 보내는 시간								
⑥ 학원에서 보내는 시간								
⑦								
⑧								
⑨								

2. 변동 시간 작성하기 (합 : _____ 시간)

변동 시간은 고정 시간을 빼고 남는 시간으로, 내가 마음먹은 대로 사용할 수 있는 시간입니다.

① 휴대폰 사용 (게임, SNS 등) 시간								
② PC방 (노래방, 영화관 등) 이용 시간								
③ 운동 시간								
④ 독서 시간								
⑤ 종교 시간								
⑥ (스스로) 공부 시간								
⑦ 가족들과 보낸 (식사, 여행 등) 시간								
⑧								
⑨								

3. 일주일 168시간 중 고정 시간과 변동 시간을 빼고 남는 시간은 얼마인가?

남는 시간 = {168 − (고정시간 + 변동시간)} = 168 − (　　　　) = (　　　　) 시간

★ 나의 시간을 찾아서 ★

1. 앞의 활동지에서 자신이 사용한 변동 시간 중 시간을 낭비한다고 생각되는 항목은 어떤 것인가요?

   ■ _____   ■ _____

   ■ _____   ■ _____

   ■ _____   ■ _____

2. 고정 시간을 제외한 모든 시간은 '가용시간'으로 활용할 수 있습니다.

   1번 문항에서 낭비하고 있다고 생각되는 시간과 [활동지] 숨은 시간을 찾아서에서 구한 남는 시간과 변동 시간 중 활용 가능한 시간을 고려하여 일주일의 가용시간을 적고, 공부 목표 시간도 작성해봅시다.

	월	화	수	목	금	토	일
가용 시간 (남는+변동)							
목표 시간							

3. 다음 일주일 동안 해야 할 일을 구체적으로 아래의 빈칸에 적어봅시다.

   학업 (평가 준비 등)
   ■ _____
   ■ _____
   ■ _____
   ■ _____
   ■ _____

   건강/ 관계 (가족, 친구 등)
   ■ _____
   ■ _____
   ■ _____
   ■ _____
   ■ _____

   자기계발 (독서, 취미, 운동 등)
   ■ _____
   ■ _____
   ■ _____
   ■ _____
   ■ _____

   기타 영역 (SNS, 종교 활동 등)
   ■ _____
   ■ _____
   ■ _____
   ■ _____
   ■ _____

★ 우선순위 매트릭스 ★

일에도 순서가 있다!

나의 시간을 찾아서(3)의 3번 문항에서 나열한 일들을 제한된 가용 시간 안에 효율적으로 해내기 위해서는 시간 계획이 필요합니다. 먼저 3번 문항에서 적은 일의 목록을 다음 우선순위 매트릭스에 분류하여 봅시다.

중요도 ↑

중요하지만 긴급하지 않은 일 | **중요**하고 긴급한 일

→ 긴급도

긴급하지도, 중요하지도 않은 영역 | **긴급**하지만 중요하지 않은 영역

★ 지속 가능한 시간관리, STAR 전략! ★

Specific	구체적으로 적어라
Time	시기별로 나누어 적어라
Areas	영역별로 나누어 적어라
Reflect	성찰해보라

Specific

1) (　　　) 열심히 하기 → _____ ex) ○○문제집 매일 2장 풀기

2) 건강 관리하기 → _____ ex) 매일 팔굽혀 펴기 3개씩 하기

Time

1) 큰 목표는 작은 목표로 잘게 나누어 적기

2) 한 주간에 할 일을 매일 할 일로 나누어 적기
   → 이번 주 수학 1단원 모두 풀기 → 매일 수학 3장씩 풀기

Areas

개인적인 성장이 다양한 영역에서 이루어지도록 적기, 나의 또 다른 성장의 영역을 생각해 봅시다.

학업	관계	가족	취미	건강	

Reflect

1) 피드백 : 하루를 되돌아보며 계획이 무너졌던 순간은 언제였나요?
   계획대로 지키지 못한 요인은 무엇이었나요?
   가장 뿌듯했던 시간은 언제였나요?

2) 연결성 : 목표와 실천 사이에 관련이 있는가?

 ★ 큰 돌 - 자갈 - 모래 ★
맨 뒤 부록을 참고해주세요

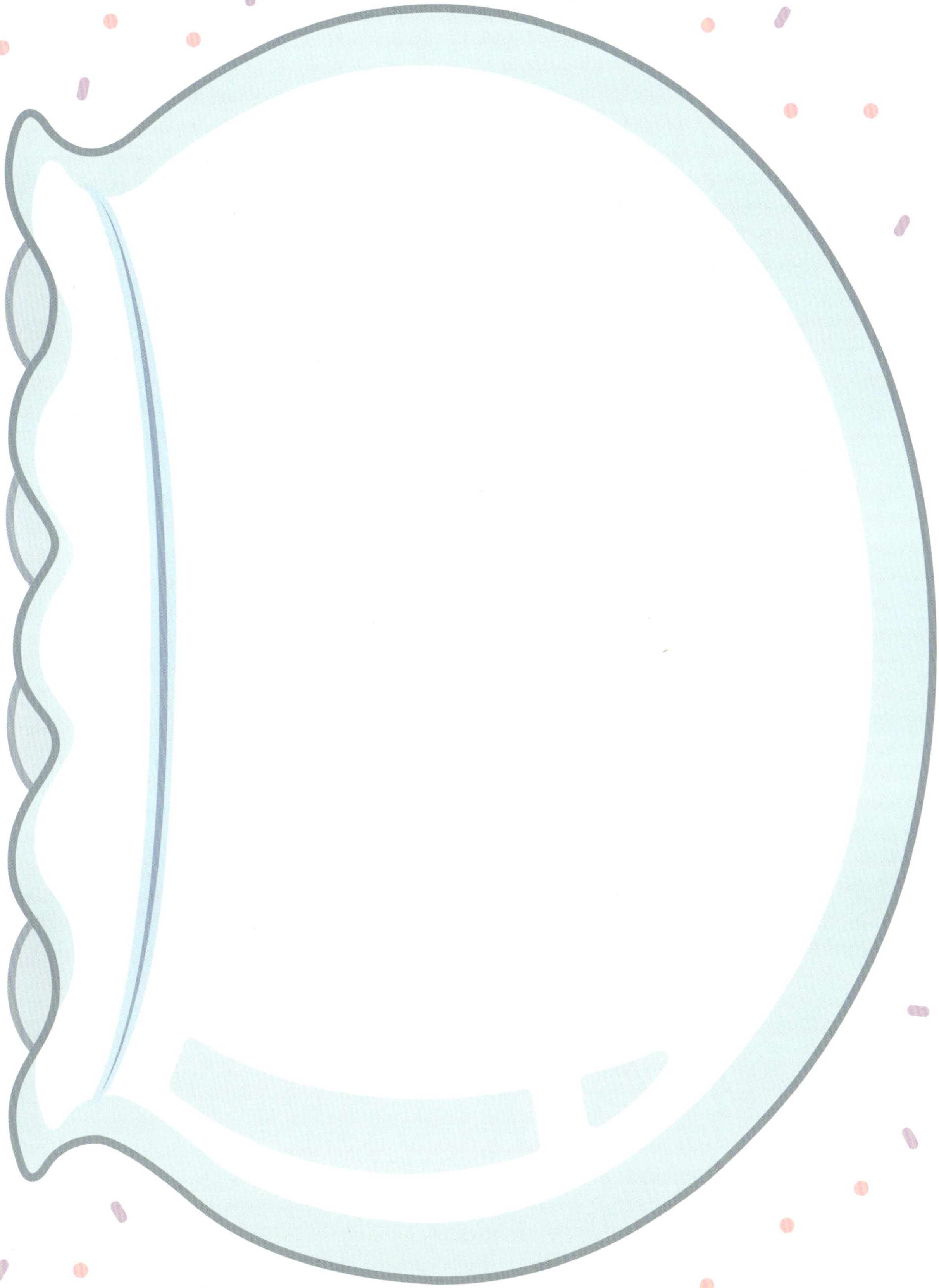

큰 돌 - 자갈 - 모래

★ 일일 계획표 ★

날짜	/

To Do List

매일 그날 해야 할 일에 대해 실천 여부를 □안에 표시(V)하세요.

공부시간	:

	10	20	30	40	50	60
5						
6						
7						
8						
9						
10						
11						
pm 12						
1						
2						
3						
4						
5						
6						
7						
8						
9						
10						
11						
am 0						
1						
2						

Memo.

※ 피드백을 위한 질문
- 오늘을 되돌아보며 계획이 무너졌던 순간은 언제였나요?
- 계획대로 지키지 못한 요인은 무엇이었나요?
- 가장 뿌듯했던 시간은 언제였나요?

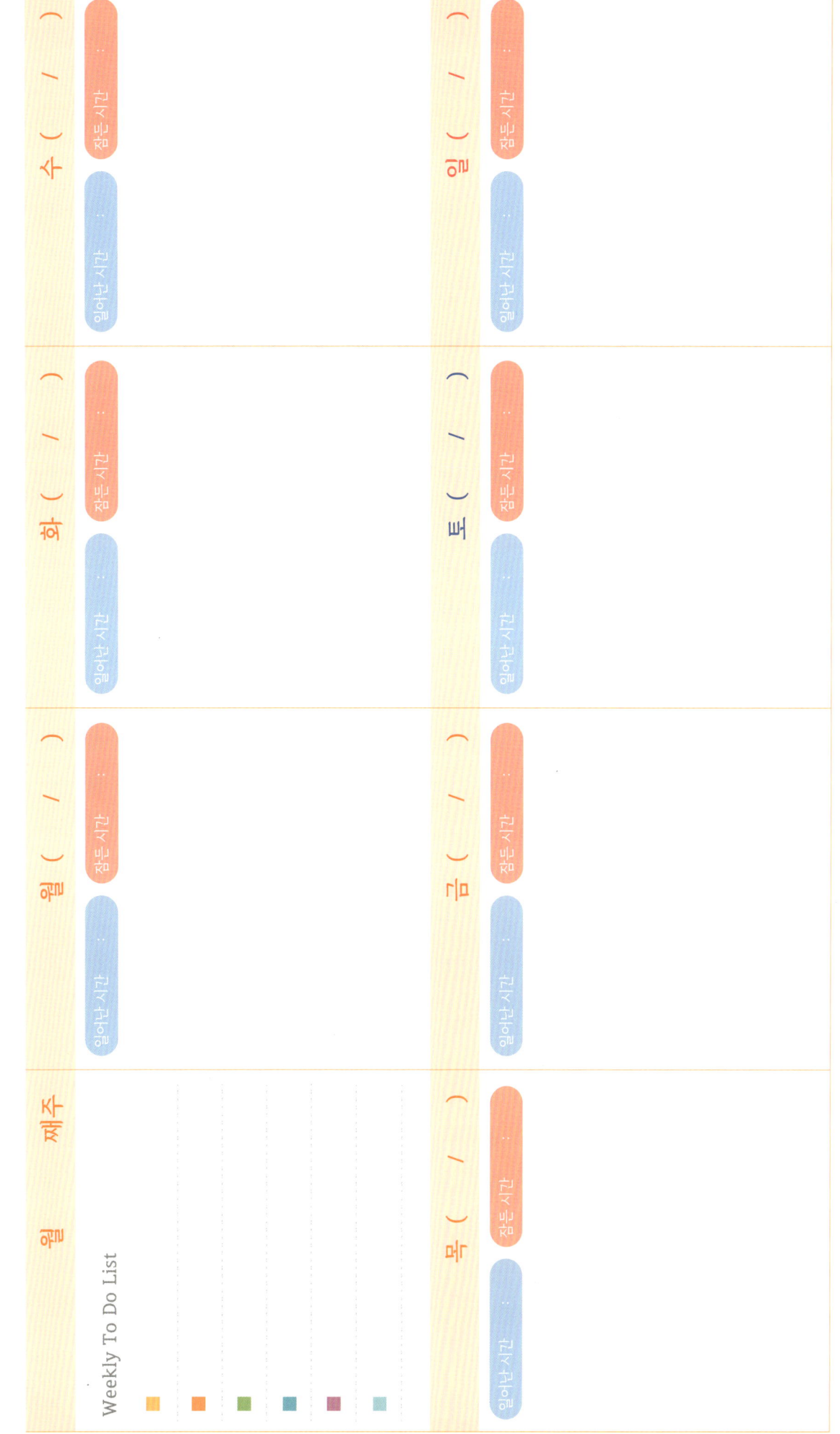

★ 나만의 일일/ 주간 계획표 디자인 ★

예시

TODAY　　/　　월 화 수 목 금 토 일　　concentrativeness

성장하는 나를 위해

아주 작은 습관

①
②
③

Specific　**T**ime　**A**reas　**R**eflect

♪ 오늘의

특별한 나를 위해

오늘의 나

	H	M
☐	H	M
☐	H	M
☐	H	M
☐	H	M
☐	H	M
☐	H	M
☐	H	M
☐	H	M
☐	H	M
☐	H	M

계획　H　M
실제　H　M

하루를 돌아보며

감사한 3가지

따뜻한 격려

40

★ 나만의 일일/ 주간 계획표 디자인 ★

왼쪽의 예시를 참고하여 나만의 일일/주간 계획표를 디자인해보세요~!

★ 내 이름을 기억해 줘! ★

친구들의 이름을 맞춰볼까요?

1.
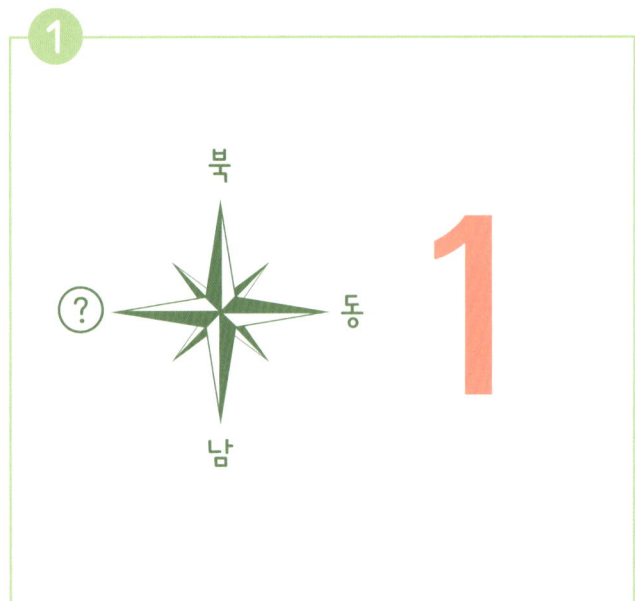

이름:

2.

이름:

3.

이름:

4.

이름:

★ 내 이름을 기억해 줘! ★

처음 만난 사람에게 **내 이름**을 기억시킬 방법을 고민해서 **글과 그림**으로 표현해보세요.

읽기/기록 (실습)

I. 공부의 즐거움에 물들이다, 학습코칭
1. 학습코칭이 필요한 이유
2. 학습코칭이 무엇인가요?
3. 학습코칭의 3단계

II. 고유한 나를 알아가다, 학습 유형
1. 도형 심리학을 통한 학습 유형의 이해
2. 학습 경향과 교수 경향의 폭넓은 이해

III. 행복한 공부를 하다, 공부 철학
1. 똑똑하지만 불행한 아이들
2. 왜곡된 공부 문화의 기원, 동아시아형 교육 모델의 극복
3. '공부'를 새롭게 정의하기

IV. 공부의 바람을 일으키다, 공부 동기
1. 교실 속 학습코칭의 공부 동기
2. 공부의 디딤돌을 세우는 활동
3. 공부 동기를 높이기 위한 학급 자치 활동
4. 공부 동기를 세우기 위한 교실 환경 조성하기
5. 공부 동기를 세우는 교사의 역할

V. 읽기에 날개를 달다, 읽기 전략
1. 왜 읽어야 할까?
2. 읽기에 날개를 다는 SQ4R 읽기 전략 (1) - SQ로 시작하기
3. 읽기에 날개를 다는 SQ4R 읽기 전략 (2) - 4R로 완성하기
4. SQ4R 변형 사례

VI. 읽기의 생각의 깊이를 더하다, 질문 전략
1. 스스로 질문하며 읽기의 중요성
2. 질문-대답 관계(QAR) 활동의 이해

VII. 생각을 다시 생각하다, 기록 전략
1. 왜 기록해야 할까?
2. 무엇을 기록해야 할까?
3. 어떻게 기록해야 할까? (1)
4. 어떻게 기록해야 할까? (2)

별별학습코칭 (상권) 목차

VIII. 기억을 재발견하다, 기억 전략

1. AI시대 무엇을 왜 기억할 것인가?
2. 기억의 과정과 속성
3. 기억과 전략
4. 기억을 돕는 4가지 전략
    1) 집중하기
    2) 이해하기
    3) 요약하기
    4) 반복하기

IX. 시간에 재미, 의미, 깊이를 채우다, 시간 관리

1. 시간 관리에 대한 마음 세우기
2. 시간의 가치, 시간을 생각하다
3. 시간 관리의 필요성을 인식하도록 돕는 활동
4. 시간 관리 전략의 영역 이해하기
    1) 목표 달성표 작성을 통한 중·단기 목표 세우기
    2) 우선순위에 따른 시간 계획 세우기
    3) 시간 관리의 꽃, 주간 계획 세우기
    4) 시간 관리의 열매, 습관 세우기
    5) 숙고와 복기의 시간, 피드백
5. 학습 유형에 따라 피드백도 다르게

X. 학습코칭을 통한 성장 이야기

1. 학습코칭연구회를 통한 교사들의 성장
2. 학습코칭을 통한 학생들의 성장

XI. 미래 교육의 열쇠, 학습코칭

1. 4차 산업혁명 시대 교육의 변화 양상
2. 미래 학교 교육의 변화 방향에 부응하는 학습코칭의 지향점

XII. 별별학습코칭 에필로그

1. 읽기와 기록을 중심으로
2. 공부 동기와 시간 관리를 중심으로

별별학습코칭 (하권) 목차

기억을 재발견하다, 기억 전략

> **학습목표**
> - 기억의 가치를 이해하고 미래에 중요한 역량이 기억과 어떤 관련성이 있는지 설명할 수 있다.
> - 기억을 돕는 4가지 전략을 예를 들어 설명하고 적용할 수 있다.

1. AI시대 무엇을 왜 기억할 것인가?

1) 미래 교육에서 기억의 가치

지금 우리가 살고 있는 시대는 어떤 시대인가요? 굳이 어렵게 생각해내려 하지 않아도, 무엇을 기억하려고 애쓰지 않아도 어렵지 않게 살 수 있다고 생각하는 시대가 아닐까요? 가장 낮은 단계의 인공지능(AI)일 것이라고 전망되는 스마트폰 하나면 거의 모든 것이 해결되는 시대, 인터넷에 연결만 가능하다면 거의 무한한 정보를 얻을 수 있는 시대를 이미 살고 있지는 않은가요?

많은 전문가들은 2045년을 인류의 모든 지능을 합한 것보다 더 높은 지능을 가진 인공지능이 출현하는 때, 즉 싱귤래리티(특이점) 시대가 오는 때라고 예측합니다. 오히려 더 빨리 올 것이라는 예측도 여기저기서 나오고 있습니다. 학교에서는 강의가 사라질 거라고 전망합니다. 이미 해외의 유수의 대학들의 강의는 인터넷에 무료로 공개되어 있습니다. 강의 위주의 교육을 받은 사람은 인공지능 시대에 1순위로 인공지능에게 대체되거나 지배될 것이라고 말합니다.

우리 삶의 많은 부분들이 인공지능으로 대체될 것으로 전망합니다. 지금도 낮은 수준의 인공지능이지만 이미 교육, 법학, 의학 등 많은 영역에서 인간의 능력을 훨씬 뛰어넘는 인공지능이 도입되어 연구되고 대체되고 있습니다. 이런 시대를 앞두고 더 많은 지식을 기억하는 것으로 교육의 경쟁력을 말할 수 있을까요? '누가 얼마나 더 많은 지식을 기억하고 있는가?'로는 더이상 경쟁할 수 없는 시대가 다가오고 있습니다. 우리가 앞으로 만날 시대를 이렇게 전망한다면, 이 시대에 만날 우리 학생들의 이런 질문들에는 뭐라고 답을 해줄 수 있을까요?

> "선생님, 굳이 기억하지 않아도 되는 이런 시대가 오는데 여전히 기억이 중요한가요?"
> "기억하는 거 귀찮아요, 스마트폰으로 저장하면 되잖아요."
> "저는 어차피 머리가 나빠서 기억을 잘 못해요."

여기에 우리의 고민 지점이 남아 있습니다. 앞으로 다가올 미래 교실에서 우리는 무엇을 가르쳐야 할까요? 언제 어디서나 지식과 정보를 쉽고 빠르게 얻어낼 수 있는 시대에 지식 위주의 교육이 다른 것으로 대체된다면 우리가 키워내야 할 우리 학생들의 역량은 무엇일까요? 미래 교육을 전망하는 많은 자료들을 검토하고 연구를 해 본 결과 크게 다음의 세 가지가 공통적으로 언급되고 있음을 알 수 있었습니다. 그것은 바로 창의성, 학습능력, 협업능력입니다. 이것을 3C로 정리해보았습니다. 그리고 미래 교육에서 중요한 세 가지 역량 가치들은 기억과 어떠한 연관성이 있을까요?

창의성 (Creativity)

많은 학자들이 창의성을 미래 시대에 필요한 역량 1순위라고 말합니다. 사실을 달달 외우는 데 들이는 시간을 줄이고, 창의적인 사고를 기르는 데 쓰는 시간을 늘려야 한다고 입을 모읍니다. 애플의 전 CEO이자 공동 창립자인 스티브 잡스(Steven Paul Jobs)는 "창의성이라는 것은 그냥 여러 가지 요소를 하나로 연결하는 것이다(Creativity is just connecting things)."라고 말했습니다. 우리의 기억은 창의성을 발휘하는 재료들이 되며, 그 기억의 새로운 조합이 창의성 그 자체가 됩니다. 생각이라는 것은 우리가 가지고 있는 기억을 뇌 밖으로 끄집어내어 결합하는 과정입니다. 우리가 얼마나 많은 지식을 재료로 가지고 있느냐에 따라 창의성을 발휘하는 시작점이 달라지는 것입니다.

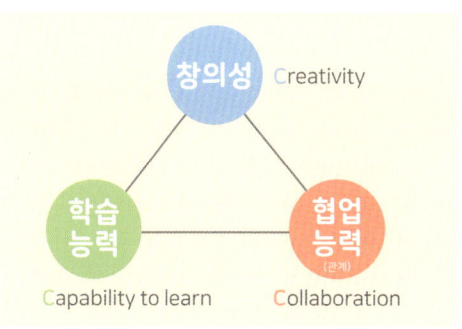

미래 교육의 중요한 세 가지 역량

배경 지식이 풍부하면 풍부할수록 더 많은 기억의 재료들이 연결되어 남들이 상상하지 못한 새로운 창조물들을 탄생시킬 수 있는 것입니다. 떨어지는 사과와 물체가 서로 끌어당기는 힘을 연결시킬 수 있었던 것은 인력이라는 배경 지식을 가지고 있었기 때문입니다. 위대한 발견은 이렇게 만들어지는 것입니다.

학습능력 (Capability to learn)

세계적인 미래학자 앨빈 토플러(Alvin Toffler)는 "21세기 문맹인은 읽고 쓸 줄 모르는 사람이 아니다. 배운 것을 잊고 새로운 것을 배울 수 없는 사람이다."라고 말했습니다. 미래를 주도적으로 살아가기 위해서는 학습할 수 있는 능력, 조금 더 구체적으로 이야기하자면 자기주도적인 학습 능력을 가지고 있어야 합니다.

미래 시대는 평생 학습 시대입니다. 급변하는 시대에 발맞추며 살아가기 위해서는 스스로 정보를 가공하고 재생산하는 능력이 중요합니다. 한 가지 직업으로 평생을 살아갈 수 없는 시대, 스스로 직업을 만들어 내는 시대를 살아가야 할 우리 아이들은 새롭게 쏟아지는 정보들을 스스로 분별하고 재가공하여 새로운 것들을 만들어 낼 수 있어야 합니다. 누군가가 가르쳐주는 대로 정보를 수용하는 것이 아니라 나에게 필요한 정보를 내 방식대로 정리하고 꺼내는 능력이 필요합니다. 학습코칭을 통하여 키워주고자 하는 가장 중요한 가치가 바로 자기주도적 학습 능력입니다. 단순히 공부법을 알려주는 것을 넘어 학습에 대한 동기를 부여하고, 스스로 학습할 수 있도록 안내해주는 것이 코치로서 중요한 역할입니다.

협업능력 (Collaboration)

협업능력, 다른 표현으로 협력은 어떤 직업에서든 시대 변화에 따라 새롭게 떠오른 핵심 역량입니다. 사람들과 협력할 수 있는 능력, 어떤 일이나 과제를 함께 수행하는 사람들과 원만히 지내며 협동해 이뤄낸 결과물로 최고의 성과를 낼 수 있는 능력을 말합니다.

애플, IBM 등의 기술자들을 모집하는 제프 윈터(Jeff Winter)는 "훌륭한 프로그래밍 기술을 가진 사람은 많지만 사회적 역량이 부족해 발목을 잡히는 경우가 많다"고 말합니다. 즉, 사회성이 부족하다면 미래 사회에서 성공할 수 있는 기회조차 얻기 힘들다는 것을 의미합니다.

기억은 감정과 정서를 동반합니다. 이 같은 기능은 '지식을 떠올리고 활용하는' 것 이상으로 중요한 기억의 가치입니다. 사람, 장소, 상황에 대한 기억은 우리의 감정과 정서에 영향을 주고 그것은 관계를 만들어 가는 데 도움을 줍니다.

기억을 재발견하다, 기억 전략

2) 기억의 쓸모

지금까지의 이야기를 정리해보겠습니다. 미래 사회가 어떻게 변하더라도 학습에 있어서 기억은 가장 기본 단계라는 것에는 변화가 없습니다. 결국 기억을 할 것인가 안 할 것인가가 아니라 무엇을 어떻게 기억할 것인가가 중요한 질문입니다. 기억이 창고 혹은 서류함에 비유되듯 정보를 저장하는 것에 불과하다면 기억의 존재가치는 점점 더 기계에 의해 대체될 수밖에 없습니다. 우리는 기억을 떠올릴 때마다 지식을 뒤적거리는 것에 머무르는 것이 아니라 이 과정을 통해 무엇인가를 추가로 학습합니다. 다시 말해 우리의 경험을 재처리해서 미래를 계획하게 됩니다. 기억의 쓸모는 과거를 보존하는 저장에 있지 않습니다. 이것을 재조합해 해석하는 통찰력에 있습니다. 우리는 기억을 과거에 관한 것으로 받아들입니다. 하지만 "기억은 미래 지향적이며 창조적인 능력"이라는 관점으로 바라보아야 합니다. 그것이 미래 교육에서 기억의 중요한 가치인 것 입니다.

2. 기억의 과정과 속성

1) 기억의 과정

기억은 일련의 과정으로 구성되어 있습니다. 일반적으로 입력(약호화, encoding) - 저장(storage) - 인출(retrieval)의 3단계로 구분합니다. 입력 단계는 기억해야 할 내용이 머릿속으로 들어오는 단계입니다. 우리가 가진 오감(시각, 청각, 후각, 촉각, 미각)을 통해 감각 등록기로 다양한 정보들이 들어옵니다. 이렇게 받아들여진 정보는 다음 단계인 저장 단계로 넘어갑니다. 저장 단계는 받아들인 정보를 머릿속에 저장해 두는 단계입니다. 입력된 정보를 얼마나 오랜 기간 동안 정확하게 저장하느냐가 학습의 중요한 목표입니다. 하지만 그 이상으로 중요한 단계가 있습니다. 바로 인출 단계입니다. 인출 단계는 머릿속에 저장된 내용을 탐색하여 찾아내는 단계입니다.

2) 기억의 3단계 모델

기억의 3단계 모델은 아수 오래 전 부터 기억에 대한 대부분의 연구에 대한 방향을 제시했습니다. 3단계 모델은 감각기억 - 단기기억 - 장기기억으로 구성되어 있습니다.

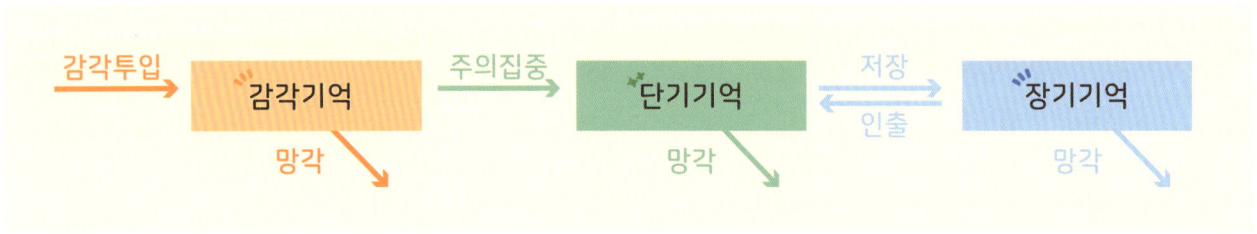

기억의 3단계 모델

감각기억

물리적 환경으로부터 들어오는 정보는 우리가 가진 오감(시각, 청각, 후각, 촉각, 미각)을 통해 감각 등록기로 들어옵니다. 이 등록기들은 감각기억 정보들이 주의 집중되고 인식되고 기억 체계를 따라 다음 단계로 이동할 때까지 머무는 일시적인 저장소라고 할 수 있습니다.

감각 기억단계에서는 주의집중이 가장 중요합니다. 주의 집중되지 않은 감각 정보는 재빨리 망각됩니다. 수많은 정보들이 우리에게 다가오는데 주의 집중하지 않는 정보들까지 모두 받아들이게 된다면 우리의 뇌는 과부하가 걸리게 될 것입니다. 그래서 본능적으로 우리의 뇌는 집중하지 않는 정보는 그냥 지나치게 됩니다. 기억의 가장 중요한 첫 단계는 바로 주의 집중입니다. 이렇게 선택된 정보들은 기억의 다음 단계로 넘어가게 됩니다.

단기기억

우리가 주의 집중한 정보는 감각기에서 인식된 후에 기억의 다음 단계인 단기기억 단계로 들어갑니다. 의식적으로 인식하고 있으며, 문제를 해결하고, 추론하고, 결정을 내리는 활동을 하는 작은 용량(7±2)과 짧은 지속시간(30초 이하)을 가지는 기억의 단계입니다. 단기기억 내에 있는 정보 중에서 주의 집중된 것들은 나중에 다시 사용될 때를 위해 장기기억에 부호화됩니다. 이때에도 주의 집중되지 못한 정보들은 망각됩니다. 그렇기 때문에 기억해야 할 정보들을 단기기억 단계에서 그 다음 단계인 장기기억 단계로 보내는 것이 학습에서 중요한 목표입니다. 결국 단기기억 단계와 장기기억 단계를 어떻게 효과적으로 연결할 것인지가 중요한 학습 전략이 될 것입니다.

장기기억

기억의 마지막 단계는 바로 장기기억 단계입니다. 장기기억은 무한한 정보를 영구적으로 저장할 수 있는 곳으로 알려져 있습니다. 다시 말해 쉽게 망각되지 않고 용량이 무제한적인 영역입니다.

장기기억에 저장된 정보를 사용하기 위해서는 그 정보를 꺼내서 단기기억에 다시 보내야 하는데, 이것을 인출이라고 합니다. 장기기억에 저장된 정보를 인출할 수 없다면, 그것을 망각이라고 합니다.

감각기억	우리가 가지고 있는 감각들에 대해 하나씩 있는 감각등록기들의 집합으로, 외부세계의 정보를 보고, 듣고, 경험하며 감각기관을 통해 정보를 받아들이는 단계
단기기억	의식적으로 인식하고 있으며, 문제를 해결하고, 추론하고, 결정을 내리는 활동을 하는 작은 용량(7±2)과 짧은 지속시간(30초 이하)을 가지는 기억의 단계
장기기억	긴 시간 동안(어쩌면 영원히) 정보가 저장되고, 그 정보의 용량이 무한한 기억의 단계

기억을 재발견하다, 기억 전략

3) 망각

의도와는 상관없이 우리는 많은 것을 잊습니다. 망각은 기억에서 정보가 손실되거나 정보를 불러올 수 없는 상태를 이야기합니다. 정보가 실제로 기억에서 없어지는 것인지 혹은 여전히 존재하지만 왜곡된 상태여서 인출 정보가 부족하면 인출되지 않는 것인지, 다른 정보가 회상하는데 간섭하는 것인지에 관해서는 학자들마다 의견이 분분합니다.

소멸(decay)

시간이 경과하면서 두뇌에 만들어진 기억의 흔적들이 희미해지는 것을 소멸이라고 합니다. 사용되지 않는 정보가 시간이 지남에 따라 잊히는 현상에 주목한 이론입니다. 그러나 이 이론만으로는 설명하지 못하는 부분들이 있습니다. 오랜 시간이 지나도 생생하게 기억나는 정보들의 경우가 그런 것입니다. 반면에 최근에 일어난 사건이지만 기억이 가물가물한 것도 있습니다. 이 이론에 반하는 현상들이 빈번하게 나타나기 때문에 많은 지지를 받지는 못하고 있습니다. 소멸 현상을 줄이기 위해서는 학습을 할 때 그 내용에 주의를 기울이고 입력하여 확실하게 흔적을 남겨야 합니다.

간섭(interference)

입력된 정보들끼리 충돌을 일으켜서 정보의 인출이 제대로 이루어지지 않는 것을 간섭이라고 합니다. 특히 기억하고 있는 정보들이 서로 비슷한 경우에 이러한 일들이 많이 발생합니다. 간섭에는 새로운 정보를 기억하고자 할 때 기존에 기억된 정보가 새로운 정보를 방해하는 순행간섭과 기존의 정보를 기억해내고자 할 때 새로운 정보가 기존에 기억된 정보를 방해하는 역행간섭이 있습니다.

학습이 끝난 후 잠을 잔 학생이 잠을 자지 않은 학생보다 학습 내용을 더 잘 기억하는 것은 간섭이 적었기 때문입니다. 간섭현상은 유의미하게 학습된 정보의 망각보다 기계적으로 학습한 정보의 망각을 더 잘 설명할 수 있습니다. 간섭을 막기 위해서는 학습할 내용을 체계적으로 조직화하여 저장해야 합니다. 그리고 복습과 비교를 통해 주제들 간의 관계를 강조함으로써 간섭을 줄일 수 있습니다.

인출 실패(retrieval failure)

분명히 어떤 정보를 기억하고 있다는 확신이 있는데, 기억해 내고자 하는 정보를 찾을 수 없는 현상이 있습니다. 이것을 인출 실패라고 합니다. 어떠한 원인에 의해 장기기억에서 정보를 인출하는 능력이 부족하거나, 저장된 정보에 접근할 수 있는 단서가 없거나 잘못되어 인출하지 못하는 경우를 말합니다.

"아직 말하지마!"

어떤 사람의 이름이 얼른 떠오르지 않을 때, 어떤 정보가 가물가물할 때, 그런데도 금방 생각날 것 같은 순간이 있습니다. 설단 현상이라고도 하는 이 상황은 특정 상황에서 인출해야 할 정보가 혀끝에서 뱅뱅 맴돌면서 찾아지지 않는 현상입니다. 그 기억을 되살리려고 애쓰면서 그와 연관된 다른 기억들을 가져오다 보면 그 단서들로 기억을 찾아오기도 합니다. 그것이 제대로 이루어지지 못하는 경우가 바로 인출 실패입니다. 현대의 기억 이론들은 대부분의 망각이 인출 실패로 인해 발생한

다는 견해가 많습니다. 장기 기억 속에 저장된 정보를 잊는 것이 아니라 인출하지 못하는 것을 망각으로 설명하기 때문입니다.

학습할 때 여러 가지 방법으로 새로운 정보를 학습하고 서로 관련짓게 함으로써 인출 단서를 확실히 만드는 것이 인출 실패 현상을 줄일 수 있는 방법입니다.

3. 기억과 전략

머릿속으로 정글의 이미지를 상상해봅시다. 이 정글의 이름은 '기억의 정글'입니다. 정글 앞에 동물이 서 있습니다. 이 동물은 생각을 의미합니다. 이 동물은 정글 입구에 있는 작은 초원을 지나야 합니다. 그리고 이 초원을 지나 정글에 들어온 동물은 절대 정글을 떠나지 않습니다.

작은 초원은 단기 기억을 의미합니다. 단기 기억은 초원이 작아서 용량에 한계가 있으며 빨리 사라지는 특성이 있습니다. 정글은 장기 기억을 의미합니다. 장기 기억은 절대 정글을 떠나지 않습니다. 이 내용들을 바탕으로 기억과 관련한 몇 가지 특징을 시각화하여 기억해 보겠습니다. 꼭, 머릿속으로 상상하며 아래 글을 읽어보세요.

첫 번째로 동물이 초원을 지나가는 길을 상상해봅시다. 이 길은 기억의 경로를 의미합니다. 기억은 이 기억의 경로를 많이 사용할수록 기억해내기 쉽습니다. 다시 말해 **여러 번 밟은 길**일수록 경로가 선명해집니다. 어떠한 정보를 자주 떠올리고 동일한 정보를 자주 기억 속에 집어넣을수록 더욱 쉽게 기억할 수 있습니다.

두 번째 상상을 해봅시다. 정글 공터에 모여 있는 수많은 동물의 떼, 무리지어 있는 동물들을 떠올려봅시다. 한 마리가 있는 것 보다 더 선명하게 잘 보이겠죠? 비슷한 정보들을 연결해서 생각하면 더 쉽게 정보를 떠올릴 수 있습니다. **덩어리로 이루어진 생각,** 다시 말해 인출 단서들을 많이 연결시켜 놓은 정보들은 필요할 때 꺼내기 유리합니다.

세 번째는 **등 돌리기**입니다. 코끼리를 정글에 풀어주고 돌아서서 잠깐 뒤에 다시 바라보면 코끼리는 사라지고 없어집니다. 대부분의 정보는 이런 과정을 겪습니다. 짧은 시간이 흘러도 곧바로 망각이 시작되고 맙니다. 그래서 재빨리 복습하는 것이 중요합니다. 생각의 동물이 단기 기억의 작은 초원을 지나는 동안 눈을 떼지 말고 장기 기억의 정글로 들어서자마자 다시 복습을 하는 것이 기억을 돕는 중요한 방법입니다.

마지막으로 **동물이 가야 할 방향**을 지시한다고 상상해봅시다. 이번에는 정글 안에 있다고 생각해봅시다. 초원의 입구에 서서 기억의 동물들이 초원을 거쳐 정글로 들어가는 과정을 직접 관리하고 있다고 상상해봅시다. 이것은 학습 과정에서 우리가 얼마나 능동적인 역할을 하고 있는가를 의미합니다. 스스로 집중력을 발휘하고 여러 가지 기억법을 활용해 기억을 직접 통제하는 것입니다. 무작정 여러 번 반복하는 것만으로는 효율적이지 않고 전략과 기술을 활용하는 것도 매우 중요한 방법입니다.

기억의 정글

코끼리 : 생각

덩어리 짓기

여러번 밟기 : 복습

방향 : 집중

기억을 재발견하다, 기억 전략

한 번 정리해볼까요?

- 여러 번 밟은 길 - 반복
- 덩어리로 이루어진 생각 - 인출 단서, 연결
- 등 돌리기 - 복습
- 동물이 가야 할 방향을 지시 - 집중, 기억법 활용

4. 기억을 돕는 4가지 전략

1) 집중하기

집중력은 수동적 집중과 능동적 집중으로 나눌 수 있습니다. 컴퓨터 게임을 할 때의 모습을 생각해봅시다. 게임에 몰입하고 집중하고 있지만 반응적이고 수동적입니다. 그래서 이런 집중을 수동적 집중력이라고 합니다.

수동적 집중력은 새로운 것, 강한 것, 자극적인 것을 접할 때 본능적으로 발생하는 집중력을 의미합니다. 이렇게 강한 자극을 통해 수동적인 집중력을 계속 유지시 키는 것이 게임입니다. 여기에 많이 노출되면 약하거나 밋밋한 자극에서는 집중력을 발휘하기 힘듭니다. 자극적이지 않으면 전혀 관심이 없어지기도 합니다. 아이들은 처음 접하는 것들에는 신기한 것이 많기 때문에 새로운 교구나 장난감은 별다른 노력을 하지 않아도 주의를 집중시키기가 쉽습니다. 이때도 수동적 집중력이 발휘되는 것입니다.

능동적 집중력은 자신의 선택과 판단 등 의지에 의해서 집중하는 것으로 익숙하고 단조로운 것뿐만 아니라 어려운 것을 할 때 의도를 가지고 끌어내야하는 집중력입니다. 수동적인 집중력에 길들여지면 즉각적이고 단기적인 만족은 있을지 몰라도 뭔가를 꾸준히 참고 조절해야 하는 일이 힘들게 됩니다. 성급하게 결과만 바라고 차분히 관찰해서 찾아내는 일이 어려워집니다.

어릴 때는 능동적 집중력을 발휘하기 힘들기 때문에 공부나 관찰하는 일을 할 때 칭찬 등을 통해 집중력을 끌고 갈 수 있도록 도와주어야 합니다. 함께 상호작용을 늘려가거나 자극이 없는 환경을 만들어주거나, 필요하다면 장소를 바꿔서 집중력을 유지해 목표를 완성할 수 있도록 도와주어야 합니다. 능동적 집중력은 단지 반응하는 것이 아니라 주의를 통제하고 조절하는 뇌가 활성화되어야 하고 뇌의 균형적 발달을 필요로 하기 때문입니다. 아이들은 수동적 집중뿐만 아니라 능동적 집중을 늘려가면서 전두엽 발달과 뇌의 균형을 만들어가게 됩니다.

2) 이해하기

지식의 연결 패턴은 새로운 정보를 단순히 오래 기억시키는 데만 그치지 않습니다. 아예 기억을 왜곡하고 바꾸기도 합니다. 기억은 기존에 저장되어 있는 원본을 꺼내오는 과정이 아니라 꺼낼 때마다 새로운 사본을 만들어 낸다는 이야기

가 있을 정도로 우리의 기억은 정확하지 못합니다. 따라서 기억의 단계에서 얼마나 정확하게 이해하고 있느냐가 매우 중요한 요소입니다.

한국 노래의 가사는 암기하기가 쉽습니다. 영어 가사는 어떤가요? 한국 노래의 가사보다는 암기하는 데 더 많은 시간과 노력을 들여야 하는 경우가 많습니다. 프랑스어나 독일어처럼 전혀 모르는 언어로 된 가사를 암기하기는 더욱 어렵습니다. 모르는 언어는 전혀 그 의미를 이해할 수 없기 때문입니다. 의미가 있는 것이 의미가 없는 것보다 기억하기 쉽습니다.

아이러니하게도 아는 게 많아야 암기도 더 잘 됩니다. 김정섭 부산대 교육학과 교수는 "이해는 기존에 알고 있는 지식과 새롭게 들어오는 지식이 통하는 과정"이라며 "관련된 지식이 없는 상태에서 새로운 지식을 처리하는 일은 매우 어렵기 때문에 기억하기도 힘들어지는 것"이라고 말했습니다.

수업 시간에 열심히 참여를 한 학생은 그렇지 않은 학생보다 암기할 때 유리합니다. 익숙한 지식이기 때문입니다. 따라서 벼락치기 습관을 고칠 수 없다면 수업 시간에라도 집중해야 합니다.

3) 요약하기

우리의 기억은 정보들을 동일하게, 이를테면 사진기나 녹음기처럼 자동적 방식으로 받아들이지 않습니다. 우리는 매 순간 접하는 다양한 정보들을 선별하여 그중 일부만 받아들입니다. 좋은 기억력은 배워야 하는 내용을 잘 정리하고 복잡한 것들은 잘 걸러내고 수를 줄여서 새로운 정보를 분석하고 그것을 이미 알고 있는 지식과 연결시키는 작업에서 비롯됩니다.

내용을 요약하기 위한 다양한 기술 중에 분류, 연결, 시각화에 대하여 이야기를 나누겠습니다.

분류 : 논리를 찾아라

우리에게 친근한 범주를 따라 정보를 분류하는 것은 기억의 원칙 중 하나입니다. 학습해야 할 정보를 위계질서를 부여하여 구조화하는 것도 재생을 돕는 데 아주 효과적인 방법 중 하나입니다. 기억해야 할 정보의 수를 제한하여 정보를 다시 분류하고 좀 더 중요한 단위 혹은 집합들로 다시 정리해 줍니다.

전화번호를 기억할 때에는 통째로 외우는 것 보다 몇 개 숫자씩 끊어서 외우기가 더 쉽습니다. 간단한 정리와 재조합을 통해서 숫자에 깃들어 있는 논리를 간파하여 더 쉽게 외울 수도 있습니다. 외워야 할 정보들을 그것이 속한 범주에 따라 구분해 볼 수 있습니다. 쇼핑해야 할 물품 목록을 들러야 할 가게 순서대로 정리한다면 무엇을 빼먹고 사지 않을 가능성이 크게 줄어듭니다.

연결 : 관계를 지어라

연상은 자연스러운 심리적 과정입니다. 이는 곧 사건, 감정, 단어, 이미지, 소리, 관념 등을 서로 연결하는 것입니다. 우리는 평소에는 별다른 주의를 기울이지 않고도 자연스럽게 어떤 것을 보면서 다른 것을 연상하거나 서로 다른 두 가지를 비슷하다고 생각합니다. 하지만 언뜻 보아서 아무 내적 관계도 없어 보이는 정보들을 접하면서, 혹은 기존의 앎과 아무 상관도 없는 듯한 정보들을 접하면서 그 정보들을 기억해야 할 때에는 의지적으로 연결을 지어야만 합니다.

기억을 재발견하다, 기억 전략

새로운 지식은 주로 이미 뇌에 저장되어 있는 정보와 연결됩니다. 낱말의 의미나 지식에 대한 기억에는 이미 대단히 복잡한 관계의 망이 형성되어 있습니다. 산책을 하다가 어떤 꽃을 알아볼 수 있다면 그 것은 예전에 그 꽃을 접한 경험이 있거나, 적어도 그것이 꽃이라는 점은 이미 알고 있었기 때문입니다.

연상은 정보를 기억으로 정리하는 데 유용한 수단입니다. 연상은 새로운 정보를 이미 잘 저장되어 있는 기존 정보와 연결하는 데 목적이 있습니다. 그리고 그 효과를 극대화하려면 연상이 개인적인 것이어야 합니다. 내가 먹어본 음식, 내가 가본 바닷가, 내가 본 영화처럼 개인적인 것일수록 새로운 정보를 연결시키는 것이 인출해올 때 훨씬 효과적입니다.

시각화 : 이미지를 만들어라

현관문을 잠그고 나왔는지 알려면 집에서 나오기 직전의 상황을 마음속에 떠올려 보아야 합니다. 안경이 어디 있는지 찾으려면 안경을 두었다고 생각되는 방의 이미지를 마음속으로 그려보는 것이 도움이 됩니다. 이처럼 마음속의 이미지는 어떤 정보를 찾을 때는 물론, 학습할 때에도 중대한 역할을 합니다.

간단한 실험을 한 번 해 보겠습니다. 어떤 낱말을 기억하려고 할 때 단순히 그 낱말들을 반복할 때보다는 어떤 심리적 이미지를 상상하면서 외우려고 할 때 기억력의 효과는 증가합니다. 만약에 "고양이"라는 낱말을 기억한다고 해 봅시다.

우리의 대뇌는 좌반구와 우반구가 서로 협력합니다. 언어 영역은 좌반구가 지배적, 우반구는 보완적으로 역할을 한다면, 공간 영역은 우반구가 지배적, 좌반구는 보완적으로 역할을 합니다.

이중부호화이론에 따르면, 학습자의 작동기억에서 언어정보와 시각정보는 서로 다른 과정을 거쳐 처리되는데, 이에 따라 각각 다른 표상을 가지게 됩니다. 언어 정보는 시각적 정보를 회상시킬 수 있고, 시각 정보는 언어 정보를 불러일으킬 수 있습니다(Mayer and Valerie K. Sims, 1994). 즉, 독립적인 두 채널을 통해 정보를 처리하면서 서로 다르게 부호화된 정보들 중 한 가지만 떠올린다 하더라도 다른 한 가지의 정보를 쉽게 떠올릴 수 있는 것입니다. 따라서 언어 정보와 시각 정보를 별도로 제시하는 것보다 함께 제시하는 것이 더 효과적입니다. 고양이라는 텍스트는 언어적 단서만 제공하지만 고양이 이미지는 언어적, 공간적 단시를 모두 제공합니다. 따라서 단순한 텍스트보다는 이미지가 기억에 있어서 보다 효과적이라고 할 수 있습니다.

4) 반복하기

반복의 중요성은 생물학적으로도 설명할 수 있습니다. 우리의 뉴런에는 뉴런을 둘러싸 감싸고 있는 미엘린이라는 조직이 있습니다. 이는 마치 전선의 피복과 같아서 뇌신경의 신경 신호 누수를 방지하고 신호 전달 속도를 수십 배 증폭하는 역할을 합니다.

무엇인가를 잘한다는 것은 미엘린이 두꺼워졌다는 뜻입니다. 미엘린으로 감싸지지 않는 신경세포의 신경 전달 속도는 시속

몇 km에 불과한 것에 비하여 미엘린으로 감싸진 신경 세포의 신경 전달 속도는 시속 약 3백여 km 정도로 빨라진다고 합니다. 미엘린은 정확한 자극을 반복할 때 두꺼워집니다. 요약해보면 우리 뇌는 반복해야 잘할 수 있도록 되어 있다는 이야기입니다. 뇌가 그러하니 받아들이는 수밖에 없습니다. 그래서 무조건 반복하는 것이 공부를 잘 할 수 있는 답이 될 수 있습니다.

(1) 기억 곡선

독일의 심리학자 에빙하우스(Hermann Ebbinghaus)는 <기억에 관하여>라는 저서를 통해 기억과 망각에 대한 재미있는 실험 결과를 소개하였습니다. 에빙하우스는 자신이 실험 대상자가 되어 세 자음-모음-자음의 조합으로 이루어진 무의미한 낱말들을 학습하였습니다. 그 후 일정한 시간이 지난 후에 망각한 낱말들을 재학습하는 데 걸리는 시간을 측정하였습니다. 이 실험에서 흥미로운 일이 복습 뒤에 일어났습니다. 복습을 할수록 망각 곡선의 기울기가 완만해지더니, 나중에는 거의 기울어지지 않는 망각 곡선이 그려진 것입니다. 복습을 거듭할수록 잊어버리는 정도는 덜해지고, 결국 거의 잊어버리지 않는 장기 기억이 된다는 뜻입니다.

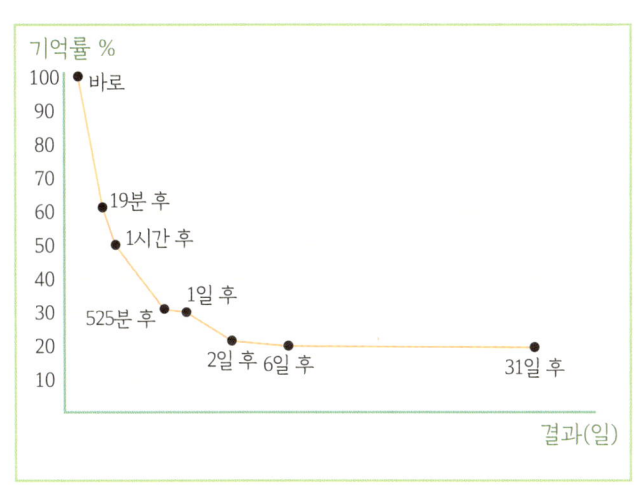

에빙하우스의 망각 곡선

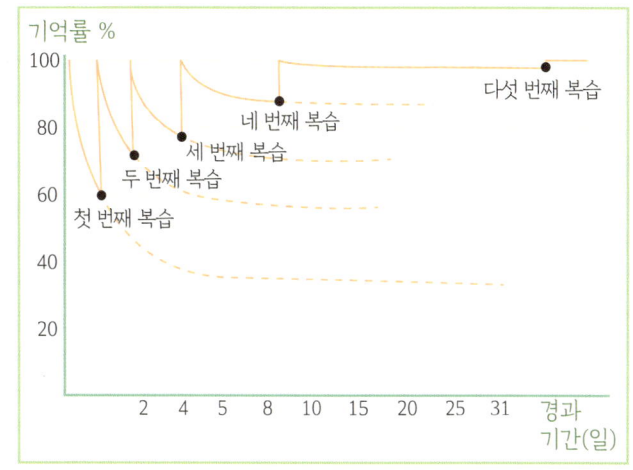

기억 곡선

(2) 기억과 복습 주기

에빙하우스의 연구를 바탕으로 망각 주기를 이용한 복습 주기도 같이 연구되었습니다. 복습 효과를 극대화하기 위해서는 복습 주기에 따라 재학습을 하는 것이 중요합니다. 코치는 학생들이 주기에 따라 적절하게 복습할 수 있도록 관리를 해 주는 것이 중요합니다.

복습 단계	복습 주기	복습 효과
최초 복습	10분 뒤	1일 동안 기억
두 번째 복습	24시간(1일) 뒤	1주일 동안 기억
세 번째 복습	1주일 뒤	1개월 동안 기억
네 번째 복습	1개월 뒤	6개월 이상 장기 기억

기억을 재발견하다, 기억 전략

(3) 분산 반복 학습

분산 반복 학습을 하면 학습이 더 잘 이루어집니다. 세 시간 연이어 공부하는 것보다 한 시간씩 세 번에 나누어 공부하는 것이 더 효과적이라는 뜻입니다. 분산 반복 학습은 학습 속도를 빠르게 할 뿐 아니라 망각 속도를 늦추는 효과도 있습니다. 분산 반복의 기간이 더 길어질수록 망각은 더뎌집니다.

하루에 많은 시간을 들여 벼락치기로 한꺼번에 외우는 것은 지극히 비효율적입니다. 그보다는 시험 몇 주 전부터 조금씩 나누어 외우는 것이 훨씬 더 수월하게, 오래 기억할 수 있는 방법입니다.

같은 내용을 반복적으로 공부하면 늘 똑같은 내용이 반복적으로 저장되는 것일까요? 반복학습을 하면 결국 똑같은 공부를 하는 것이니 기억 속의 단서도 계속 반복적으로 저장되는 것에 불과하다고 생각할지도 모릅니다. 하지만 사람은 똑같은 상태로 계속 머물러 있지 않기 때문에 정보는 같다 해도 공부하는 나의 상황과 공부하는 환경은 달라집니다. 같은 것을 학습하더라도 책상에서 외울 수도 있고 화장실에서 외울 수도 있으며 버스 안에서 단어장을 들여다보며 외울 수도 있습니다. 그러면 점점 부호화할 기회가 많이 생깁니다.

시간이 지나면 나의 심리적 상태나 물리적 환경이 달라지기 때문에 같거나 비슷한 정보라고 해도 새로운 다양한 연결 고리가 만들어질 기회가 많아집니다. 동일하거나 비슷한 정보라고 해도 맥락이 달라짐으로써 연결 고리가 그만큼 많아진다고 볼 수 있습니다. 기억의 단서가 많아지면 기억 인출이 쉬워집니다. 즉 낚아야 할 물고기 하나에 낚싯대가 여러 개인 셈입니다. 전문가들은 이것을 '정보의 재구성'이라 합니다. 같은 정보지만 다시 보면 또 다르게 재구성되는 것입니다.

[참고] 학습유형과 기억

학습 유형	선호하는 기억술
네모형	약어법, 약문법, 청킹
세모형	전반적인 기억술 적용
동그라미형	이해력을 기본으로 노트에 적용한 약어, 약문 반복 암기
별형	오감을 이용한 기억술, 리듬을 이용한 노래 기억법, 맵핑 자료에 의한 암기

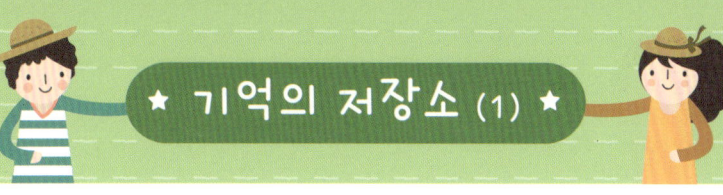

★ 기억의 저장소 (1) ★

1. 두 명씩(A, B) 짝을 지어보세요. 먼저 외울 사람(A)을 정하고 나머지 한 명(B)은 카드를 8개 선택하세요.

1) A에게 카드를 보여주고, A는 짝이 선택한 카드를 확인한 후 암기하세요. (시간 2분)

2) A는 짝이 선택한 카드의 단어를 아래 빈칸에 적어보고 몇 개 맞았는지 확인합니다.

			개

2. 역할을 바꿔서 활동해봅시다. 이번에는 A가 카드를 8장 선택하고 B에게 보여주세요.

1) B는 짝이 선택한 카드를 확인한 후 암기하세요. (시간 2분)

2) B는 짝이 선택한 카드의 단어를 아래 빈칸에 적어보고 몇 개 맞았는지 확인합니다.

			개

3. 소감을 서로 돌아가며 나눠봅시다.

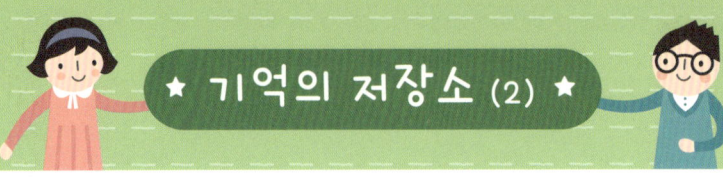

★ 기억의 저장소 (2) ★

1. 두 명씩(A, B) 짝을 지어보세요. 먼저 외울 사람(A)을 정하고 나머지 한 명(B)은 카드를 8개 선택하세요.

   1) B는 자신이 뽑은 8장의 카드를 A에게 보여주고 A는 자신의 경험을 담아 이야기를 만들어 단어를 모두 외워보세요.
      (시간 2분)

   2) A는 짝이 선택한 카드의 단어를 아래 빈칸에 적어보고 몇 개 맞았는지 확인합니다.

   개

2. 역할을 바꿔서 활동해봅시다. 이번에는 A가 카드를 8장 선택하고 B에게 보여주세요.

   1) 마찬가지로 B는 이야기를 만들어 단어를 외워 봅시다. (시간 2분)

   2) B는 짝이 선택한 카드의 단어를 아래 빈칸에 적어보고 몇 개 맞았는지 확인합니다.

   개

3. 이야기를 만들어 단어를 외우는 과정에 대한 소감을 <활동1>과 비교하며 나눠봅시다. 그리고 카드를 잘 외우는 다른 방법이 있는지 서로 나눠봅시다.

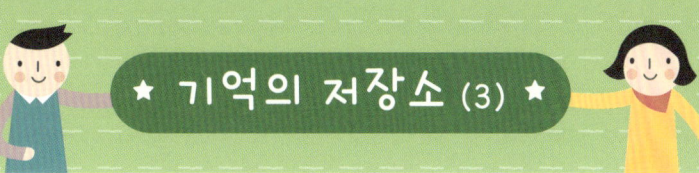

★ 기억의 저장소 (3) ★

1. 두 명씩(A, B) 짝을 지어보세요. 먼저 외울 사람(A)을 정하고 나머지 한 명(B)은 카드를 8개 선택하세요.

1) B는 자신이 뽑은 8장의 카드를 A에게 보여주되, 두 묶음으로 분류하여 분류 기준을 말하고 카드를 보여주세요. A는 짝이 보여준 카드를 암기하세요. (시간 2분)

2) A는 짝이 선택한 카드의 단어를 아래 빈칸에 적어보고 몇 개 맞았는지 확인합니다.

			개

2. 역할을 바꿔서 활동해봅시다. 이번에는 A가 카드를 8장 선택하고 B에게 보여주세요.

1) 마찬가지로 A는 자신이 선택한 카드를 두 묶음으로 분류하여 분류 기준을 말하고 보여주세요. B는 짝이 선택한 카드를 암기하세요. (시간 2분)

2) B는 짝이 선택한 카드의 단어를 아래 빈칸에 적어보고 몇 개 맞았는지 확인합니다.

			개

3. 분류하기를 활용하여 단어를 외우는 과정에 대한 소감을 <활동1>과 비교하며 나눠봅시다. 그리고 카드를 잘 외우는 또 다른 방법이 있는지 서로 얘기해봅시다.

읽기 전략

현대 사회는 디지털 미디어의 급격한 확산으로 인해 그 어느 때보다 영상이 넘치는 시대입니다. 우리는 '읽기'가 아닌 '보기'에 더 익숙한 시대를 살고 있습니다. 그동안 문자를 통한 읽기에 적응해왔다면 이제는 각종 영상과 이미지를 보는 것에 익숙해져야하는 시대입니다. 이러한 디지털 시대에는 책이 아니더라도 TV, 인터넷, 소셜 미디어 등 다양한 매체를 통해 지식과 정보의 습득이 가능해졌습니다. 책을 읽는 것보다 더 빠르고 더 생생하고 더 쉽게 원하는 정보를 얻을 수 있습니다. 정보 뿐만 아니라 배가 고플 때, 추울 때, 근심과 걱정이 있을 때, 기침이 날 때도 앞서 이덕무가 말한 것처럼 책을 읽지 않아도 됩니다. 영상을 보며 몰입하다 보면 그 상황들을 잠시나마 잊을 수 있기 때문입니다.

그렇다면 과연 첨단 디지털, 정보화 시대에서도 읽기는 필요할까요? 영상이나 다른 매체로 읽기를 대체할 수 있지 않을까요?

심리학자 조지 로웬스타인은 카네기 멜론대학교에 재직하던 1994년에 호기심의 '격차 이론'을 내놓았습니다. 내가 이미 알고 있는 것과 알고 싶어 하는 것 사이의 틈이 있을 때 호기심이 생긴다는 것입니다. 그리고 이 정보의 격차는 질문의 형태로 나타납니다. 글로 읽을 때는 공간과 여백이 더 많이 생깁니다. 영상은 순간적으로 화면이 전환되어 그 속도에 맞춰야하는 반면에 책을 읽을 때는 잠시 멈춰서 그 여백을 생각할 기회가 있습니다. 그 빈 공간, 격차에 알게 된 정보와 나의 생각을 견주어보아 내면화하고 이리저리 따지며 비판하고 질문할 수 있습니다.

디지털 매체를 통한 읽기는 분명 거스를 수 없는 시대의 흐름입니다. 유익하고 긍정적인 부분도 많이 있습니다. 문맹 상태이거나 학습 장애가 있는 학생들에게는 개별적 상황에 맞게 읽기를 배울 수 있는 훌륭한 학습 도구가 되기도 합니다. 앞서 언급되었던 매리언 울프 교수 역시 디지털 기기의 긍정적인 부분을 부정하지 않으며, 그 자신이 디지털 기기를 활용한 문맹 퇴치 운동에 적극적으로 나서고 있습니다. 그러나 디지털 세계에 학생들을 이대로 방치해 둔다면, 숙고하며 깊이 읽을 때 생기는 읽기 회로가 사라질 위협에서 벗어날 수 없습니다. 또한 깊이 읽기는 언제나 '연결'이라는 단어와 관련되어 있다고 그는 이야기합니다. 다른 사람의 생각과 느낌을 헤아려볼 수 있는 힘은 깊이 읽기 과정에서 얻을 수 있는 소중한 열매 중의 하나입니다. 제대로 깊이 읽었다면 스스로를 성찰하는 데에서만 그치는 것이 아니라 내 주변과 세계의 사람들에 대해 생각하고 공감하게 됩니다. 이러한 연결이 자주, 많이 일어날수록 읽기 회로는 더 단단하게 성장합니다.

책 읽기를 통한 '깊이 읽기'야말로 우리의 가장 본질적인 사고 과정인 비판적, 추론적 사고와 반성적 사유를 가능하게 합니다. 그리고 진실과 거짓을 구별하는 능력을 기르게 해주며, 타인의 관점을 취할 수 있도록 하는 열쇠입니다. 이것이 그동안 인류가 지속될 수 있었던 비결입니다.

나/ 우리에게 읽기란?

1. 왜 읽어야 할까요?

Why?

2. 나는 주로 어떤 책을 읽나요?

What?

3. 책마다 어떻게 읽으면 좋을까요?

How?

4. 유형별로 친구들이 즐겨 읽는 책은 무엇이고, 그 책을 어떻게 읽나요?

Who?

# 읽기 전략

"선생님, 이 책 다 읽었어요!"
"오, 잘했네요. 그 책은 무슨 내용이었어요?
 가장 중요한 내용은 어떤 것인가요?"
"음, 그게 말이죠……. 뭐였더라……,
 분명히 읽었는데 생각이 잘 안 나요."
"……"

분명히, 열심히 책을 읽은 것 같은데 막상 그 내용을 정리하려고 하면 막막할 때가 많습니다. 그럴 때는 책 읽은 시간이 아깝기도 하고, 내 머리가 안 좋은가? 하는 속상한 마음이 들기도 합니다.

게임이나 전쟁에서 이기려면 뛰어난 전략이 필요하듯이 책을 읽을 때도 전략이 필요합니다. 중요한 것을 파악하여 나의 것으로 만드는 과정은 시간과 노력이 들어갑니다. 그러나 글을 제대로 이해하고 제대로 적용할 수 있다면 그 유익함은 매우 큽니다. 평생 동안 나를 풍성하게 채울 수 있는 좋은 원천이 생기는 것입니다.

SQ4R 읽기전략은 '훑어보기(Survey) → 질문하기(Question) → 읽기(Read) → 떠올리기(Reflect) → 복습하기(Review) → 연결하기(Relate)'의 여섯 단계로 이뤄집니다. 각 단계를 나타내는 영어단어의 앞 글자를 따서 SQ4R이라고 부릅니다. 읽기전략을 연습할 때는 위의 여섯 단계를 한 번에 하기보다 '훑어보기와 질문하기' 단계로 읽기전략을 시작하여 어느 정도 숙달이 되면, 4R 단계를 시도하여 완성하는 것이 좋습니다. 처음부터 여섯 단계를 다 하려고 하면 금방 지치고 흥미를 잃게 될 수도 있습니다. 너무 많이 욕심내지 말고 한 걸음, 한 걸음 천천히 시도해보기 바랍니다. 읽기전략에 어느 정도 숙달이 되면 여러분이 읽는 책이나 글, 다양한 활동에도 각자의 색깔과 개성대로 읽기전략을 변형하여 적용할 수 있는 능력도 생깁니다.

읽기에 날개를 달아 여러분을 높이 날아오르게 도와줄 **읽기전략**!
생각하고 질문할 수 있는 힘! 지식을 나의 삶과 연결하여 살아있는 배움으로 만들 수 있는 힘!
우리의 삶을 아름답게 만들 **읽기전략**에 대해 함께 알아봅시다.

EFFECTIVE STUDY : 미국의 교육심리학자인 프랜시스 P. 로빈슨 교수님은 오하이오 주립대학교에 재직할 당시 학습법 프로그램을 개발하여 강의하였습니다. 로빈슨 교수님의 읽기 능력과 학습 조직 능력을 향상시키는 전략으로 SQ3R을 사용하였습니다. 교수님은 1946년에 본인의 연구를 정리하여 「EFFECTIVE STUDY」라는 책을 출판하였습니다. 우리가 공부할 SQ4R은 SQ3R의 변형이며 마지막에 '연결하기(Relate)' 단계가 추가된 형태입니다.

읽기에 날개를 다는
읽기전략, SQ4R

01. 읽기전략 SQ4R (1) - SQ로 시작하기 … 64

02. 읽기전략 SQ4R (2) - 4R로 완성하기 … 67

읽기 전략

01. 읽기전략 SQ4R (1) - SQ로 시작하기

생각을 여는 활동

무엇이 가장 필요할까요?

질문 1

새봄이는 태어나서 처음으로 이탈리아를 여행 중입니다. 이탈리아의 피렌체에 가서 두오모 성당(피렌체 산타마리아 델 피오레 대성당)을 보기 위해 아침 일찍 기차를 타고 이동했습니다. 피렌체 중앙역(산타 마리아 노벨라 역)에 내린 새봄. 이제 두오모 성당을 찾아서 걸어가야 합니다.

지금 새봄이에게는 무엇이 가장 필요할까요?

_____
_____
_____

질문 2

이탈리아 여행을 잘 마치고 돌아온 새봄이. 여행의 피로가 어느 정도 풀리고 나니 또 어디론가 떠나고 싶었습니다. 그래서 이번에는 가족과 함께 제주도에 갔습니다. 제주도에 왔으니 한라산을 꼭 등반해야 한다는 새봄이 아빠의 주장으로 가족 모두 한라산 등산로의 입구에 서 있습니다.

지금 새봄이네 가족에게는 무엇이 가장 필요할까요?

_____
_____
_____

읽기전략 1단계

훑어보기 Survey '전체적으로 살피며 읽기'

언제?   전체적인 구조를 살피는 것으로 본격적으로 읽기 전에 하는 단계입니다.

왜?   훑어보기를 하는 이유는 큰 그림을 그리기 위함입니다. 그래야 짜임새 있게 전체 구조를 파악할 수 있습니다. 제목, 학습목표 등을 확인하면 무엇이 중요한지를 알 수 있기 때문에 내용에 대한 이해를 도울 수 있습니다. 또한 이미 알고 있는 지식(배경지식)과 연결된 부분을 찾게 되면 배울 내용에 대한 흥미를 갖게 할 수 있습니다.

어떻게? 우선 목차와 제목들을 살펴봅니다. 대부분의 제목은 크고 굵은 글씨로 되어 있으며 숫자가 앞에 적혀 있기도 합니다. 그 다음으로는 해당 부분에서 꼭 알아야 할 것을 미리 알려주는 학습목표를 읽습니다.

시작하는 부분의 간단한 활동이나 흥미 유발 자료는 배경지식을 활성화하는데 도움이 될 수 있습니다. 굵거나 큰 글씨, 다른 글씨체로 되어 있는 단어는 대부분 핵심어입니다. 하나의 내용이 마무리되는 부분의 요약이나 정리 문제를 살펴보며 중요한 내용을 예측할 수 있습니다. 또한 도표, 사진, 그래프 등의 시각적 자료는 중요한 내용에 대한 이해를 돕기 위해 들어가 있는 것이므로 훑어볼 항목입니다.

  훑어보기를 하며 제목에는 네모 칸을 치고, 핵심어에는 동그라미를 치는 등의 간단한 표시를 해 두는 것도 좋습니다.

  훑어보기에서 보아야 할 내용들을 손으로 짚거나 간단히 표시하며 교과서를 넘기도록 합니다. 내용의 이해나 암기가 목적이 아니므로 중요한 부분을 예측하며 가벼운 마음으로 훑어봅니다.

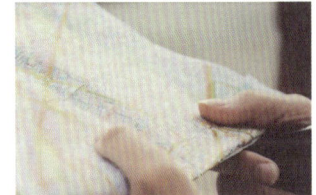

학습 목표
SQ4R 읽기전략의 1단계인 훑어보기(Survey)에 대해 이해하고 그 개념을 설명할 수 있다.

훑어보기 단계를 실제 읽기 활동에 적용할 수 있다.

훑어보기는 지도와 같은 역할

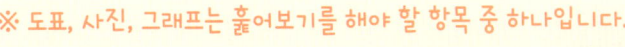
※ 도표, 사진, 그래프는 훑어보기를 해야 할 항목 중 하나입니다.

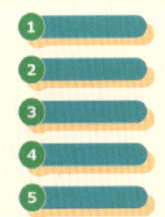

읽기 전략

읽기전략 2단계
질문하기 Question '훑어본 내용에 대한 다양한 질문 만들기'

언제? 훑어보기 단계 이후, 본격적으로 읽기 전에 하는 활동입니다.

왜? 질문을 한다는 것은 배움에 목표를 갖게 된다는 것입니다. 질문은 거저 나오는 것이 아닙니다. 생각을 해야 질문이 나옵니다. 질문을 하면 우리에게 원래부터 있었던 호기심(어린아이들을 생각해보세요. 얼마나 호기심이, 질문이 많은가요?)이 작동하기 시작합니다. 다른 사람으로부터 주입된 지식이 아니라 내가 궁금해서 공부하게 되는 지식은 이해가 잘 되고 오래 기억됩니다. 질문을 하다보면 중요한 부분과 그렇지 않은 부분을 구분할 수 있게 됩니다. 질문은 읽을 내용에 적극적이고 능동적으로 관심을 기울이는 의식적인 노력입니다.

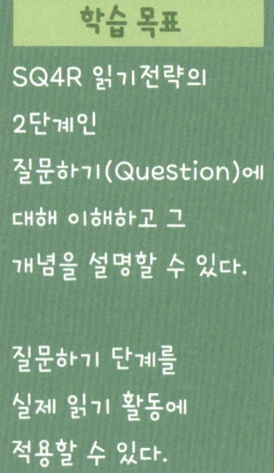

학습 목표
SQ4R 읽기전략의 2단계인 질문하기(Question)에 대해 이해하고 그 개념을 설명할 수 있다.

질문하기 단계를 실제 읽기 활동에 적용할 수 있다.

어떻게? 훑어보기에서 보았던 내용들을 중심으로 질문을 합니다. 제목이나 핵심어 등을 의문문으로 바꿀 수 있습니다. 학습목표에 나온 단어들 중 의미를 명확하게 모르는 것에 대해 질문합니다. 흥미 유발 자료 등을 보며 내가 기존에 알고 있던 것, 나의 삶과 관련이 있는 부분에 대해 질문할 수 있습니다. 이 글을 쓴 목적이나 주제, 결론에 대해 의문을 던진다면 핵심에 가까운 질문이라고 할 수 있습니다. 단어의 뜻 묻기, 느낌이나 의견(나 자신, 상대방, 책 속 인물 등의) 묻기, 가정(만약에~)하거나 문맥으로 미루어 짐작하여 묻기, 비교/대조하여 묻기 등 다양한 종류와 형태의 질문을 하도록 합니다. 질문은 교과서에 바로 적거나 학습지, 요약 노트에 따로 적습니다.

잠자는 우리의 생각을 '반짝'하고 밝히는 힘, "질문"

어떤 질문이든 괜찮다는 마음가짐이 중요합니다. 내가 만든 질문과 다른 친구들이 만든 질문에 대해 비난하거나 판단하지 않고 수용하는 자세가 있어야 합니다. 그래야 다양한 질문들이 나올 수 있고 그 가운데 질문의 질이 점점 더 높아집니다.

※ 세종대왕과 소크라테스, 두 위인의 공통점은 무엇일까요?

02. 읽기전략 SQ4R (2) - 4R로 완성하기

생각을 여는 활동
읽기(독서)에 관한 말말말!

질문 1

아래에 있는 글들은 읽기(독서)에 관한 명언들입니다. 빈칸에 어울리는 단어를 <보기>에서 찾아 넣어 문장을 완성해보세요. 그리고 하나를 골라 그 문장에 대한 자신의 생각을 적어보세요. 단, 자신의 경험을 근거로 들어 적어야 합니다.

1) 고기는 씹을수록 맛이 난다. 그리고 책도 (①) 맛이 난다. 다시 읽으면서 처음에 지나쳤던 것을 발견하고, 새롭게 생각하는 것이다. 말하자면 백번 읽고 백번 익히는 셈이다. - 세종대왕
2) 하루라도 책을 읽지 아니하면 입 속에 (②)가 생길 것이다. - 안중근
3) 독서하는 데 있어서 입으로만 읽고 마음으로 체험하지 아니하며, 몸으로 (③) 아니하면, 글은 다만 글자에 지나지 않으며 나는 나대로라는 격이니 실제로 유익한 것이 없다. - 이이
4) 독서는 단순히 지식의 재료를 공급할 뿐 그것을 자신의 것으로 만드는 것은 (④)의 힘이다. - 존 로크
5) 독서는 충실한 인간을 만들고, 글쓰기는 (⑤) 인간을 만든다. - 프랜시스 베이컨

< 보기 >

| 청바지 | 읽을수록 | 먹지 | 정확한 | 먼지 | 가시 | 사고 |

✏️ 내가 고른 명언

🌷 그 명언에 대한 나의 생각

질문 2

읽기에 관한 명언을 만들어보세요. 누가 들어도 무릎을 탁, 칠 수 있는 기발하고 공감할 수 있는 명언을 만들어봅시다. 그리고 그 명언에 대한 해석도 적어주세요.

✏️ 내가 만든 명언

🍑 명언에 대한 해석

"넌, 책 읽을 때가 제일 예뻐."

읽기 전략

읽기전략 3단계

'질문에 대한 답을 찾으며 읽기 Read'

언제? 각 장의 내용을 본격적으로 정독하여 질문에 대한 답을 찾으며 정리합니다.

왜? 훑어보기와 질문하기 단계를 통해 배움을 위한 첫 걸음을 시작했습니다. 이제 질문에 대한 답을 스스로 찾아 정리하면서 적극적이고 능동적인 학습자가 될 차례입니다. 수고 없이 얻은 것은 금방 사라집니다. 하나라도 내가 읽고, 고민하고, 정리해보는 것이 더 나은 이해, 기억, 적용을 위한 지름길입니다.

어떻게? 질문하기 단계에서 만든 질문의 답을 요약 노트(또는 교과서, 학습지)에 작성합니다. 처음 연습할 때는 교과서에 질문을 바로 적고 그 옆에 답을 써 보는 것도 괜찮습니다. 그러나 어느 정도 연습이 되면 앞으로의 복습과 활용을 위해 학습지나 요약 노트를 사용하는 것이 더 좋습니다. 처음 연습할 때, 모둠과 함께 요약해보는 것과 개인별로 요약해보는 두 가지 방법이 있습니다. 읽고 요약하는 것이 너무 어렵고 부담스럽다면 모둠 친구들과 함께 도와가며 하는 것도 가능한 방법입니다. 그러나 친구들과 비교했을 때 읽는 속도가 다르거나 스스로 생각을 정리하고 싶은 경우에는 개인별로 요약해본 후 모둠 친구들과 나눠보는 것이 좋습니다. 자신의 성향과 상황을 생각해서 둘 중 더 나은 것부터 시도해보면 됩니다. 답을 적을 때는 훑어본 전체 분량을 다 읽은 후 작성합니다. 책을 보고 베끼는 것이 아니라 기억을 더듬어 적는 과정이 중요합니다. 내용을 떠올리기 위해 노력하는 과정이 있어야 지식의 구조화와 기억을 위한 단서들이 생깁니다. 답을 적을 때는 교과서의 표현을 자신의 언어로 바꾸어, 한 단어나 한 구절 정도로 간결하게 적어야 합니다. 내용을 압축하는 과정 자체가 내용의 중요도를 선별하고 조직화하는데 도움이 됩니다. 교과서나 책을 읽으면서 특별히 어렵거나 이해가 안 되는 부분은 따로 표시해두어 선생님이나 선배, 친구의 도움을 받도록 합니다.

읽은 내용을 다 기억해야 한다는 부담은 갖지 않아도 됩니다. 책을 읽고 질문에 답을 하는 과정에서 핵심을 담을 수 있는 질문이 생각나면 질문을 추가하거나 수정할 수 있습니다.

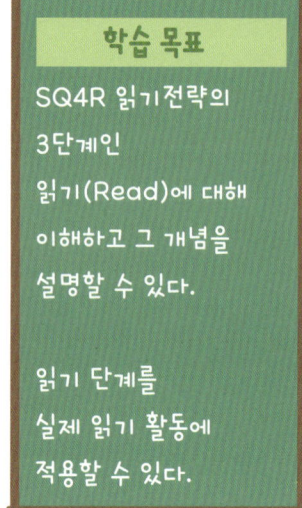

학습 목표

SQ4R 읽기전략의 3단계인 읽기(Read)에 대해 이해하고 그 개념을 설명할 수 있다.

읽기 단계를 실제 읽기 활동에 적용할 수 있다.

정독
뜻을 새기며 자세히 읽는 것. 정독은 다독(多讀)이나 속독(速讀)과 달리 글자와 낱말의 뜻을 하나하나 알아가며 자세히 읽는 것을 말한다.

※ 요약노트

요약 노트를 작성할 때 기억해야 할 것은 무엇일까요?

읽기전략 4단계
떠올리기 Reflect '질문에 대한 답을 떠올리며 암송하고 정리하기'

언제? 요약 노트를 작성한 후에 진행합니다.

왜? 떠올리기는 자신이 아는 것과 모르는 것을 스스로 구분해보는 메타인지를 연습하는 활동입니다.

어떻게? 전 단계에서 만든 요약 노트와 책에서 눈을 떼고 스스로 만든 질문과 그에 대한 답을 떠올려봅니다. 떠올릴 때는 그에 대한 본인의 평가를 덧붙여 자신의 언어로 표현하고 예시도 듭니다. 잘 떠오르지 않는 부분은 요약 노트를 보며 다시 확인하고 숙지 합니다. 그러고 난 후 빈 종이에 요점 정리의 형태로 핵심 구절을 간략히 적어봅니다. 또는 색깔, 도형 등을 활용하여 시각적으로 표현해도 좋습니다. 모둠이나 짝 별로 활동할 때는 서로가 만든 질문을 읽어준 후 그에 따른 답을 말로 표현하여 체크해줄 수 있습니다. 자체 시험, 백지 복습, 시각화를 활용합니다.

잘 떠올려지지 않는다고 하여 실망하거나 포기하지 않아야 합니다. 모든 것을, 한 번에 기억할 수 없는 것이 당연합니다. 마음을 조급하게 가지거나 부정적으로 받아들이면 학습에 안 좋은 영향을 미칠 뿐입니다. 또한 떠올리기 단계는 자신이 아는 것과 모르는 것을 정직하게 구분할 수 있는 중요한 단계이기 때문에 그냥 넘어가면 안 됩니다. 수업 종료 직전과 수업 시작 직후에 떠올리기를 활용하면 효과적입니다.

> **학습 목표**
> SQ4R 읽기전략의 4단계인 떠올리기(Reflect)에 대해 이해하고 그 개념을 설명할 수 있다.
>
> 떠올리기 단계를 실제 읽기 활동에 적용할 수 있다.

숙지
익숙하게 또는 충분히 앎.
[유의어] 정통, 통달, 통지

> **똑똑~ 알고 있나요?**
> ☐ 떠올리기의 중요성
> ☐ 떠올리기의 방법

※ 떠올리기는 확인의 단계
: 내가 무엇을 알고 무엇을 모르는지 스스로 돌아볼 수 있어야 합니다.

읽기 전략

읽기전략 5단계
복습하기 Review '반복하여 점검하기'

언제? 떠올리기 단계 이후에 진행합니다.

왜? 전체적인 구조와 중요 내용의 반복적인 이해를 위한 단계입니다.

어떻게? 정리한 요약 노트나 학습지를 빠르게 훑어보며 주요 핵심어에 대한 이해와 핵심어들간의 관련성을 정리합니다. 하나의 핵심어에 따른 그다음 단계의 핵심어를 떠올리며 전체 구조를 기억하고 있는지 점검합니다. 말로 중얼중얼 암송해봅니다. 집중력을 높이기 위해, 손가락으로 중요한 내용(핵심어)을 짚으며 읽도록 하면 도움이 됩니다.

요약 노트를 여러 번 보면서 복습하기보다는 기억을 더듬어 되새기고 점검하는 것이 효과적입니다. 배운 내용을 확실히 기억에 새기기 위해 읽은 직후, 하루 후, 일주일 후, 한 달 후의 간격을 정하여 반복적으로 복습합니다. 반복되면 단기기억에서 장기기억으로 넘어갈 확률이 높아집니다.

> **학습 목표**
> SQ4R 읽기전략의 5단계인 복습하기(Review)에 대해 이해하고 그 개념을 설명할 수 있다.
>
> 복습하기 단계를 실제 읽기 활동에 적용할 수 있다.

※ 아주 오래전 일인데도 기억에 생생한 것, 생생한 일이 있다면 무엇인가요?
왜 그렇게 오래 기억에 남은 걸까요?

읽기전략 6단계
연결하기 Relate '배운 것을 나의 삶과 연결하기 – 읽기의 핵심'

언제? 읽기의 전 단계에서 적용 가능합니다.

왜? 배운 지식이 나·너·우리의 삶, 어제 또는 내일의 수업, 다른 지식·문화와 연결될 때 의미 있는 배움이 일어납니다. 나의 삶과 연결된 지식을 경험하면 좀 더 능동적인 배움의 자세가 생깁니다. 누가 시키지 않아도 스스로 공부할 수 있는 힘이 생기는 것입니다.

어떻게? 연결하기는 훑어보기에서 복습하기까지의 전 단계에서 일어날 수 있습니다. 본문의 내용 중 작은 부분이라도 이미 알고 있는 지식과 연결해 봅니다. 나의 생각, 감정, 고민, 환경 등 나의 삶과 비교·대조해볼 수 있습니다. 각자 흥미 있는 것, 잘하는 것이 다릅니다. 이 교과 지식이 평소 내가 좋아하는 분야와 어떻게 연결될지 고민해보는 것도 의미 있는 활동입니다. 나를 넘어서서 주변 사람들, 세계와 관련된 부분도 찾아봅니다. 더 알고 싶고, 공부해보고 싶은 내용은 무엇인지 생각해보고 실제로 공부해봅니다. 내가 연결한 부분을 모둠과 함께 나누면 배움의 폭이 확장되고 서로를 더 이해할 수 있습니다.

연결할 때는 그 범주를 다양화하는 것이 좋습니다. 교과 지식, 책, 영화, 드라마, 그림, 웹툰, 음악, 공연 등 문화의 전반과 연결하면 더 재미있습니다. 나 또는 타인의 생각이나 행동의 변화를 이끌 수 있는 내용이 있다면 그것 또한 좋은 연결하기입니다. 더 알고 싶은 내용을 찾았다면 미리 계획을 세워서 스스로 공부해보는 것이 중요합니다. 내가 스스로 주도하여 배울 때의 기쁨을 꼭 맛보기를 바랍니다

> **학습 목표**
> SQ4R 읽기전략의 6단계인 연결하기(Relate)에 대해 이해하고 그 개념을 설명할 수 있다.
>
> 연결하기 단계를 실제 읽기 활동에 적용할 수 있다.

앎이 있어 행함이 일어나고,
행함이 있어 앎이 완성된다.
- 이익, 성호사설

똑똑~ 알고 있나요?
☐ 스키마
☐ 비교
☐ 대조
☐ 자기주도학습

※ 연결하기는 성장과 밀접한 관련이 있습니다.
　어떤 부분에서 그럴까요?

읽기 전략

축하합니다!!!!
읽기에 날개를 달아주는
SQ4R 읽기전략의 대장정이 끝났어요!!
그동안 수고많았습니다~

마무리하며

1. SQ4R 읽기전략에 대해, 한눈에 볼 수 있게 정리해보세요.
   색깔, 그림, 이모티콘, 표, 만화 등 자신이 표현하고 싶은 방법으로 정리해보세요.

2. SQ4R 읽기전략에 대한 자신의 생각(느낌)을 잘 나타내는 사진 카드를 한 장 골라 이유와 함께
   이야기해보세요. (스쿨토리의 '생각카드' 또는 '비유카드' 활용)

질문 전략

'모든 학습은 질문하는 것에서 시작된다.' 라는 리처드 파인먼의 말처럼 질문하는 것과 배움 사이에는 중요한 연관성이 있습니다. 사실 질문은 공자에서부터 소크라테스, 데카르트에 이르기까지 수많은 스승들이 제자를 자극하기 위해 이용한 가장 기본적인 배움의 도구로 시대를 초월해 사랑받아 왔습니다.

손바닥만한 스마트폰이 선도하는 디지털 기술의 발전으로 인해 지식의 수명은 점점 짧아지고 있으며, 이전 시대에는 전혀 생각지 못했던 다양하면서도 복합적인 문제들이 속출하고 있습니다. 지능 정보화 사회에서는 이에 대응해 단순히 지식을 많이 알고 있는 사람보다는 새로운 지식을 끊임없이 창출할 수 있는 창의적인 문제해결 역량을 가진 사람을 찾는 방향으로 인재에 대한 관점이 변하고 있습니다. 그렇다면 그러한 인재를 기르는 교육은 어떻게 해야 가능할까요? 무엇보다 문제 풀이 수업이 아닌 문제해결 교육으로의 전환이 필요합니다. 시험 준비를 위한 사실 위주의 정보를 효과적으로 전달하고 숙달시키는 데 중점을 두는 문제 풀이 수업에서 학생이 천성적으로 지닌 호기심을 자극하며 새로운 지식을 구성하는 촉매제로 질문을 활용하는 수업, 문제를 발견하고 해결방안을 함께 탐구하는 문제해결형 수업으로 바꿔나가야 합니다.

문제해결 교육을 위해서는 질문이 가지는 가치와 스스로 질문을 만드는 구체적인 방법을 가르칠 필요가 있습니다. "질문이 정답보다 중요하다. 만약 곧 죽을 상황에 부닥쳤고, 목숨을 구할 방법을 찾는 데 1시간이 주어진다면 55분 동안 올바른 질문을 찾는 데 사용하겠다. 올바른 질문을 찾고 나면 정답을 찾는 데는 5분도 걸리지 않을 것이다."라고 말한 아인슈타인의 말처럼, 중요한 것은 제대로 된 질문을 찾는 일입니다. 질문은 단순히 무엇인가를 모를 때 정보를 구하기 위한 언어적 행위로만 볼 것은 아니라는 말입니다. 질문은 공동체 구성원과 함께 탐구하고 협력적으로 문제를 해결하는 데 기초가 되는 필수적인 능력입니다.

창의적인 문제해결력이 강조되고 있는 시대적 상황을 고려할 때 학습자 스스로 질문을 만들 수 있도록 '자기 질문 생성전략'을 가르쳐야 합니다. 우리는 자신이 만든 질문을 가지고 답을 찾아가는 탐구과정을 통해 새로운 의미를 구성하고 공동체와 함께 효과적인 해결책을 만들 수 있는 '질문하는 힘'을 기를 수 있도록해야 합니다.

> "학생이 자기 질문을 형성하는 행위는 가장 효과적인 초인지 전략 중의 하나로,
> 학생이 수업 전 자신의 질문을 던지는 행위를 했을 때
> 학생의 학습률은 거의 50% 정도 상승한다."
>
> – 뉴질랜드 오클랜드 대학교 존 해티(John Hattie) 교수 –

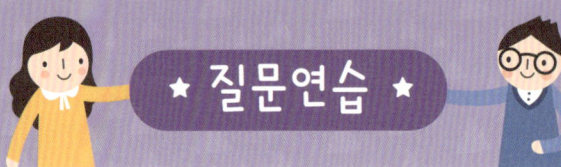

질문연습

영상을 보거나 텍스트를 읽고 자신이 적은 질문이 어디쯤에 위치하는지 메모잇을 붙이거나 적어보자. 짝활동이나 모둠활동으로 확장하며 좋은 질문을 만드는 방법을 연습해봅시다.

추상(상상) 질문

단계질문　　2 ｜ 1　　관계질문
　　　　　　3 ｜ 4

개념(핵심) 질문

★ 질문-대답 관계(QAR) 모형 ★

찾고자 하는 답이나 정보가

책 속에 있어요
찾는 정보가 본문(text) 안에 있는 경우

또는

머릿속에 있어요
찾는 정보가 본문(text) 밖에 있는 경우로 독자의 배경지식과 삶의 경험에서 비롯되는 경우

	책 속에 있어요		머릿속에 있어요	
	바로 찾을 수 있어요	생각하고 찾아서 합쳐야 해요	저자와 내 생각을 연결해요	나에게 답이 있어요
	Right There	Think & Search	Author & Me	On My Own
설명	■ 답이 텍스트의 한 문장에 답이 있어서 그 구조를 따라지 않더라도 바로 찾아 답할 수 있는 질문	■ 답이 텍스트의 여러 곳에 흩어져 있어서 텍스트의 여러 부분을 결합해야 답할 수 있는 질문 ■ 정보는 텍스트 속에 언급되며 독자는 그 정보를 합쳐야 답을 할 수 있음	■ 답이 암시되어 있어 본문 속에 연급되어 있지 않음 ■ 나의 선행지식/경험과 텍스트 안의 근거/증거를 함께 활용해야 답할 수 있는 유형의 질문 ■ 주로적 사고를 통해서만 답할 수 있으며 답이 명시적으로 주어지지 않아 행간을 읽어야 답할 수 있는 유형의 질문	■ 답이 본문에 나오지 않음 ■ 텍스트를 읽지 않았더라도 답할 수 있으며, 자신의 생각이나 의견을 사용해야 답할 수 있는 유형의 질문으로 주론적 사고를 통해서만 답할 수 있는 질문
주로 쓰는 말	◆ 요약해보시오. ◆ 이유를 말해보시오. ◆ 근거를 찾아보시오. ◆ 비교/대조해 보시오. ◆ 원인과 결과를 찾아보시오.	◆ 가설을 세워보시오. ◆ ~하는 데 무엇이 필요할까? ◆ 텍스트 속의 인물과 당신의 상황이 비슷한/다른 점은? ◆ 이 그림/사진/그래프를 통해 알 수 있는 점은?	◆ 의견을 제시해보시오. ◆ 추측해 보시오. ◆ 당신의 생각은~ ◆ 여러분의 경험에 비추어 볼 때 ~ ◆ ~한 문제에 대한 당신의 의견은?	
예시 질문	- 홍길동 아버지의 이름을 본문에서 찾아 쓴다면? - 남북전쟁이 언제 발발했는지 본문에서 찾아본다면?	- 홍길동이 전국적인 활약상을 본문에서 찾아 지도에 표시한다면? - 남북전쟁에서 왜 남부연합이 졌는지 최소 3가지 이유를 본문에서 찾아 말한다면?	- 홍길동전에 묘사하고 있는 조선의 상황과 현재 우리나라의 모습과 비교할 때 비슷한/다른 점은? - 본문에 나온 대로 링컨이 암살당하지 않았더라면 미국은 어떻게 변화했을까? 당신이 그렇게 생각하는 이유는?	- 최근에 당신이 겪은 부당한 차별은 무엇인가요? - '링컨 대통령'이란 말을 들었을 때 가장 먼저 떠오르는 말은?
	누가? 무엇을? 언제? 어디서? ◆ 정의하시오. ◆ 목록을 만들어 보시오.	◆ 설명해 보시오. 정보를 합쳐야 답을 할 수 있음		

* 출처: QAR Now(Raphael 외, 2006), The Question is the answer(Ness, 2015)

★ 질문-대답 관계(QAR) 모형 ★

◎ 다음 글을 읽고 질문에 답하시오.

메두사와 아테네

① 메두사는 끊임없이 자신의 미모를 자랑하였습니다. ② 어느 날 메두사와 그녀의 친구들은 그리스에서 가장 규모가 큰 파르테논 신전을 방문합니다. ③ 메두사는 자신의 미모를 아름다움과 지혜의 신인 아테네와 비교하였고 특히 머리카락이 아테네 여신보다 더 아름답다고 자랑했습니다. ④ 메두사의 이기적인 도발에 그리스 여신은 메두사를 끔찍한 모습의 괴물로 변하게 하는 저주를 내립니다. ⑤ 메두사의 자랑이었던 머리카락은 무수한 독사로 변했고, 몸은 뱀이 되었습니다. ⑥ 아테네는 메두사의 눈을 본 사람은 모두 돌로 변해 버리게 하는 저주를 마지막으로 내립니다.

◎ QAR 유형별로 질문을 한 가지 이상 만들어 아래 빈칸 (A) 부분을 채우고 모둠 안에서 공유하시오.
(친구들이 만든 질문들을 듣고 아래 빈칸 (B) 부분을 채우시오.)

QAR 유형	(A): 내가 만든 질문과 답	(B): 친구가 만든 질문과 답
바로 찾을 수 있어요.		미(美)와 지혜의 그리스 여신 이름은?
생각하고 찾아서 합쳐야 해요.		아테네가 메두사에게 화난 이유는?
나에게 답이 있어요.		아름다움의 기준은 무엇이라고 생각하나요?
저자와 내 생각을 연결해요.		메두사를 뱀으로 만드는 저주를 내린 아테네 여신의 행동에 대해 어떻게 생각하나요?

★ 질문-대답 관계(QAR) 모형 ★

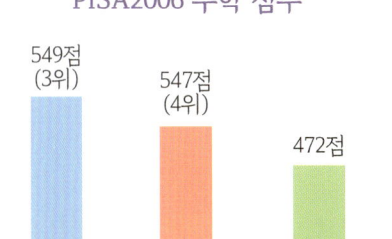
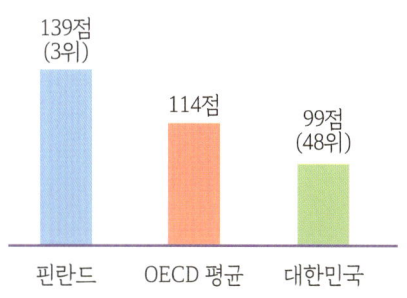

(시간당 수학점수 = 수학점수/주당학습시간)

1. 위의 도표를 보고 제시된 답이 나오게 하려면 어떤 질문을 해야 할지 생각하여 (A)~(C)에 써보시오.

질문(A) _____ ?
→ 답변: 547점으로 4위입니다.

질문(B) _____ ?
→ 답변: OECD 평균에서는 15점 차이가 나고, 핀란드와는 40점 차이가 납니다.

질문(C) _____ ?
→ 답변: 우리나라 학생들이 비효율적인 수학 공부를 한다는 의미일 것입니다.

2. QAR 유형별로 질문을 한 가지 이상 만들어 아래 빈칸 (A) 부분을 채우고 모둠 안에서 공유하시오.
(친구들이 만든 질문들을 듣고 아래 빈칸 (B) 부분을 채우시오.)

QAR 유형	(A): 내가 만든 질문과 답	(B): 친구가 만든 질문과 답
바로 찾을 수 있어요.		
생각하고 찾아서 합쳐야 해요.		
나에게 답이 있어요.	당신의 시간당 수학 점수는?	
저자와 내 생각을 연결해요.		

기록 전략

우리가 학습을 할 때 기록을 함께 하면 어떤 유용성이 있을까요?

첫째, 수업에 집중할 수 있게 해줍니다.

'수업 시간에 집중하고 참여하는 것'이야 말로 대부분의 사람들이 동의하는 '공부 잘하는 학생'의 특징일 것입니다. 한 대학교의 연구에서도 성적우수학생들의 학습 습관에서 '수업 시간에 집중'하는 특성이 분석되고 있습니다. 기록을 하면 수업에 집중할 수 있습니다. 기록을 제대로 하기 위해서는 청각이나 시각 등의 여러 감각이 활성화될 수밖에 없습니다. 그냥 귀로 수업 내용을 듣다 보면 어느새 여러 가지 잡생각이 들어 몸만 교실에 있을 뿐 생각은 이곳저곳을 헤매고 다닐 수 있습니다. 그러나 기록을 하게 되면 그럴 가능성이 상대적으로 줄어듭니다. 선생님이 말씀하시는 것에 귀를 쫑긋하고 집중해서 들어야 하고, 손으로 쓰고, 핵심어를 찾기 위해 눈으로 읽고 분석하고 생각하는 과정에서 두뇌가 활성화될 수밖에 없으며 수업 과정에 적극적으로 참여할 수밖에 없기 때문입니다. 기록을 하는 것은 수업의 주인공이 되는 좋은 수업 태도를 만들어주는 데 효과적인 학습 기술입니다.

둘째, 공부한 것을 생생하게 기억하는 데 도움을 줍니다.

수업 내용 기록한 것을 나중에 다시 볼 때 이해할 수 있으려면 나만의 언어로 구조화시켜 정리해야 하기 때문에 수업의 전후 과정을 대부분 나의 언어로 변환시켜 고스란히 기록하게 됩니다. 그러면 자연스럽게 듣기와 쓰기 전략을 활용하게 되고 뇌와 근육을 사용하게 됩니다. 이러한 기록을 통해 자신의 배움에 책임 있는 역할을 담당하는 적극적인 학습자로 참여하기 때문에 훨씬 더 효율적인 공부가 가능해집니다. 즉 학습자가 배움의 과정에서 단순히 수동적으로 개입했을 때보다 능동적으로 참여했을 때 기억에 오래 남습니다. 그리고 여러 가지 감각과 활동을 활용할 때 더 효과적으로 배울 수 있습니다.

노트는 배움의 과정을 생생하게 기록한 결과물로 수업 내용을 배움과 연결시켜주기 때문에 기억하는 데 도움을 줍니다. 잘 작성된 노트란 단순히 수업 시간에 배운 내용이 빠짐없이 다 기록되어 있는 것만을 의미하지 않습니다. 그 노트를 나중에 보았을 때 수업 전후 과정에서 내가 어떤 노력을 기울였는지 잘 떠오르게 하는 기억의 '단서(cue)' 역할도 할 수 있어야 합니다. 제대로 작성된 노트를 보면, '아, 선생님이 이 부분을 설명하시면서 농담을 하나 던졌었는데.'라든가 '이 부분이 이해가 되지 않는다고 ○○가 선생님에게 질문했었지.'와 같이 수업 당시의 기억이 잘 드러나 있습니다. 배움의 전후 과정을 자연스럽게 떠올릴 수 있도록 작성된 노트야말로 좋은 노트라 할 수 있습니다. 이렇듯 제대로 된 노트를 작성하기 위해서는 받아쓰기 그 이상의 적극적인 참여가 필요합니다. 그 과정이 오롯이 기록된 노트야말로 배운 내용을 떠올리고 머릿속에 정리할 때 생생한 장면으로 기억시키는 데 기여합니다.

셋째, 자신만의 지식정보 처리 체계를 세울 수 있습니다.

　기록이란 전달된 정보를 자신이 이해한 언어로 바꿔 쓰면서, 배운 것을 자기 것으로 만들어가는 능동적인 정보처리과정으로 학생들이 배우고 있는 것을 자신의 머릿속에서 조직화할 수 있도록 도울 수 있어야 '좋은 기록'이라고 할 수 있습니다. 나중에 다시 볼 때 도움 될 수 있는 정보들이 명확하게 잘 기록된 노트는 시험공부를 할 때나 과제를 해야 할 때 훌륭한 출발점이 될 수 있기 때문입니다. 공부를 나만의 배움을 '건축'하는 과정으로 생각한다면 가장 먼저 필요한 것은 무엇일까요? 남이 아니라 배움의 주인인 나의 특성에 철저히 맞춰져 제작된 설계도가 무엇보다 필요합니다. 참고서나 문제집에 요약된 정보나 선생님이 제공하는 학습지의 내용들은 모두 '내'가 정리한 게 아닙니다. 출판사나 선생님의 의도에 의해서 만들어진 자료를 설계도로 삼아서는 나에게 맞는 배움이란 집을 완성하기 어렵습니다. 선생님이 잘 정리해준 학습지나 문제집의 요약정리집보다 자신이 직접 만들고 생각을 담아 기록한 노트가 훨씬 더 유용한 도구가 되는 것입니다.

| 노트 종류 |

① 일반 유선

② 코넬식

③ T자형- 유선

④ T자형- 무선

⑤ 마인드맵(무지)

⑥ 격자

⑦ 토론형
　질문
　키워드
　내용 ↔ 내용

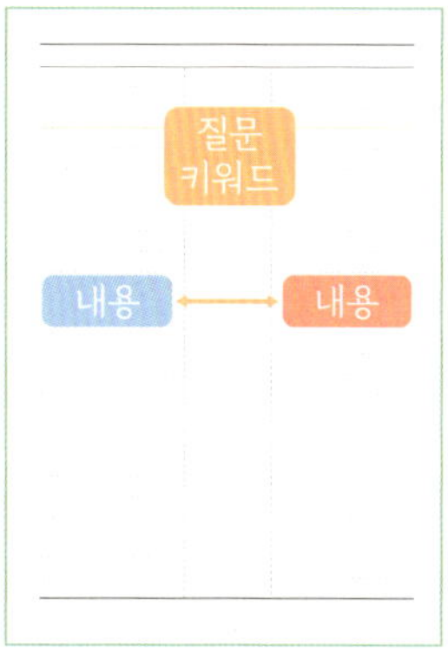

⑧ 도쿄대
　필기 영역 　해석 영역 　요약 영역

일반 유선노트

코넬식 노트

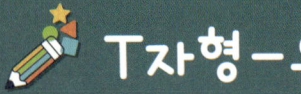
T자형-유선노트

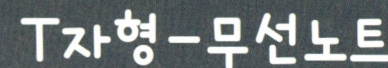

 마인드맵(무지)노트

격자노트

토론형 노트

도전노트

씨앗노트 — 내 생각을 생각하다

코넬식 방법과 T자형, 마인드맵, 격자형 노트를 씨앗노트 한 권에 모두 담았습니다.

코넬식

STEP. 1 쪽수/단원/날짜 — 전체보기

STEP. 2 학습내용 — 질문하기

STEP. 3 중요개념 — 요약하기

쪽수 76~79
2. 욕구의 의미와 종류

Q. 욕구는 왜 생겨났을까?
Q. 욕구의 종류에는 무엇이 있을까?
Q. 만약에 인간에게 욕구가 없다면 어떻게 될까?

1. 욕구? : 무엇을 얻거나 무슨 일을 하고 싶어하는 것

2. 욕구의 종류
   1) 생존의 욕구
      : 사람이 살아가는 데에 꼭 필요한 기본적인 욕구
      ex) 먹고, 잠자고, 배설하는 것

   2) 소속과 애정의 욕구
      : 자신과 맞는 사람과 어울리고 싶어하는 욕구
      ex) 다양한 동아리에 들어가기, 친구와 우정나누기

   3) 자아실현의 욕구
      : 자신의 꿈을 찾고 이를 실현하려는 욕구
      ex) 열심히 노력하고 열정적인 모습으로 살아가는 것

3. 욕구의 표현
   : ~을(를) 하고 싶다.
   ~을(를) 하고 싶지 않다.
   ex) 버스에서 편하게 앉아서 가고 싶다.
   시험 공부를 하고 싶지 않다.

↔ 당위
: ~을(를) 해야 한다.
~을(를) 하지 말아야 한다.
ex) 노약자에게 자리를 양보해야 한다.
공부는 학생의 본분으로 해야 한다.

TIP 내용을 기록할 때 여백을 두어 과정에 따라 완성해나가요!

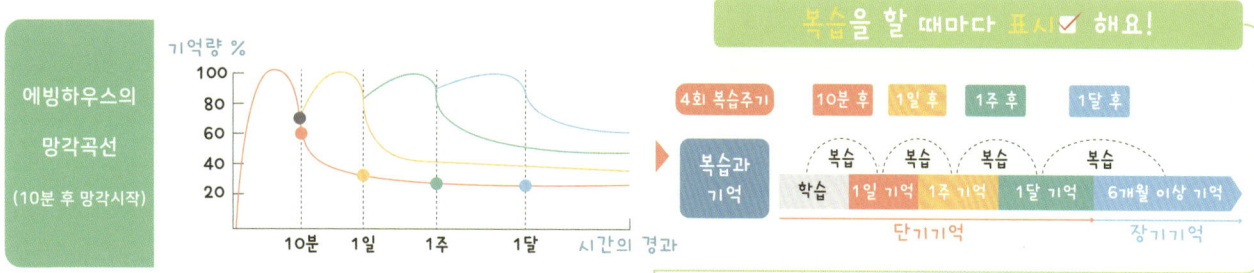

에빙하우스의 망각곡선
(10분 후 망각시작)

복습을 할 때마다 표시 ☑ 해요!

4회 복습주기 / 10분 후 / 1일 후 / 1주 후 / 1달 후

복습과 기억

학습 → 1일 기억 → 1주 기억 → 1달 기억 → 6개월 이상 기억
단기기억 / 장기기억

6월 7일   D ☑   D+1 (6/8) ☐   D+7 (6/14) ☑   D+30 (7/7) ☐
6/9 ☑ 복습일을 놓쳤을 때!

T자형

마인드맵

격자

욕구의 종류

- 자아실현의 욕구 — 친절하고 멋진 선생님이 되고 싶어~
- 소속과 애정의 욕구 — 동아리에 친구들과 함께 가입하고 싶어!
- 생존의 욕구 — 핫도그 먹고 싶어

욕구란, 무엇을 얻거나 무슨 일을 하고 싶어하는 것

STEP. 4
이미지화
떠올리기

STEP. 5
문제내기
복습하기

문제 1)
자신의 꿈을 찾고 이를 실현하려는 욕구는?
답: 자아실현의 욕구

문제 2)
욕구와 당위의 표현방식은 어떻게 다른가?
답: 욕구는 ~을(를) 하고 싶다.
　　　　하고 싶지 않다.
　　당위는 ~을(를) 해야 한다.
　　　　하지 말아야 한다.

TIP) 내용을 이어서 기록하고 꼭 이미지로 시각화해봐요!

나다운 배움으로 모두의 성장을 응원하는

별별학습코칭 워크북

지은이	학습코칭연구회 저
펴낸곳	교육숲(주)
주 소	경기도 안양시 동안구 엘에스로 142, B103호 (호계동, 호계금정역SK V1센터)
전 화	031-437-1060
메 일	admin@edu-soup.com

ISBN • 979-11-965685-6-6 (43370)

풍성한 나눔을 위한 <그림카드 시리즈 3종>
'웹앱용'으로 더 쉽고 간편하게 만나보세요!

마음

마음카드 웹앱형

비유

비유카드 웹앱형

생각

생각카드 웹앱형

Tip 1 카드는 한 장 or 여러장 같이 보기(최대 4개) ✓ 로 선택할 수 있어요.

Tip 2 선택한 카드를 바꾸고 싶을 땐? 현재 선택한 카드 이미지나 여백 부분을 클릭하면 다른 카드로 다시 선택하실 수 있어요. (오른쪽 이미지 참고)

별별학습코칭 상·하권

7명의 교사들이
'진짜 공부'를 고민하며 실천한
학습코칭의 여행서!

유형별로 이해하고 전략별로 코칭하라

학생들이 공부의 즐거움에 물들기를
바라는 교사들의 바람(Wish)이
공교육에 새 바람(Wind)을 일으키다!

학교 현장이나 가정, 가르치는 모든 곳에서
이제 '가르치기'보다 '코칭'할 것을 제안한다!

TALK 스쿨토리 카카오톡 채널

<스쿨토리> 채널추가

#바른교구 스쿨토리만의 교구 안내
#이벤트 및 NEW교구에 대한 빠른 소식안내
#무료 활동지 배부

스쿨토리 인스타그램

@toryssam_class

#토리쌤 | 질높은 수업아이디어와 활동지제공
#허니컴보드 | 오직 '스쿨토리'에서만 만듭니다
#스쿨토리 | 배움에 즐거움을 이야기하다
▶ 수업 디자인을 담은 교사개발교구
▶ 바른교구활용법 연수 및 지원

큰 돌 - 자갈 - 모래

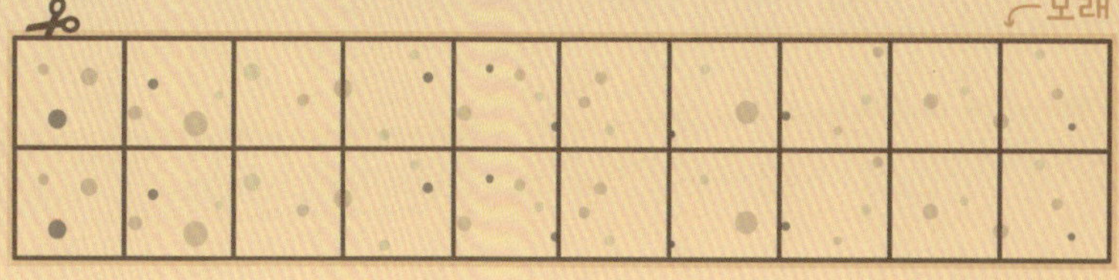

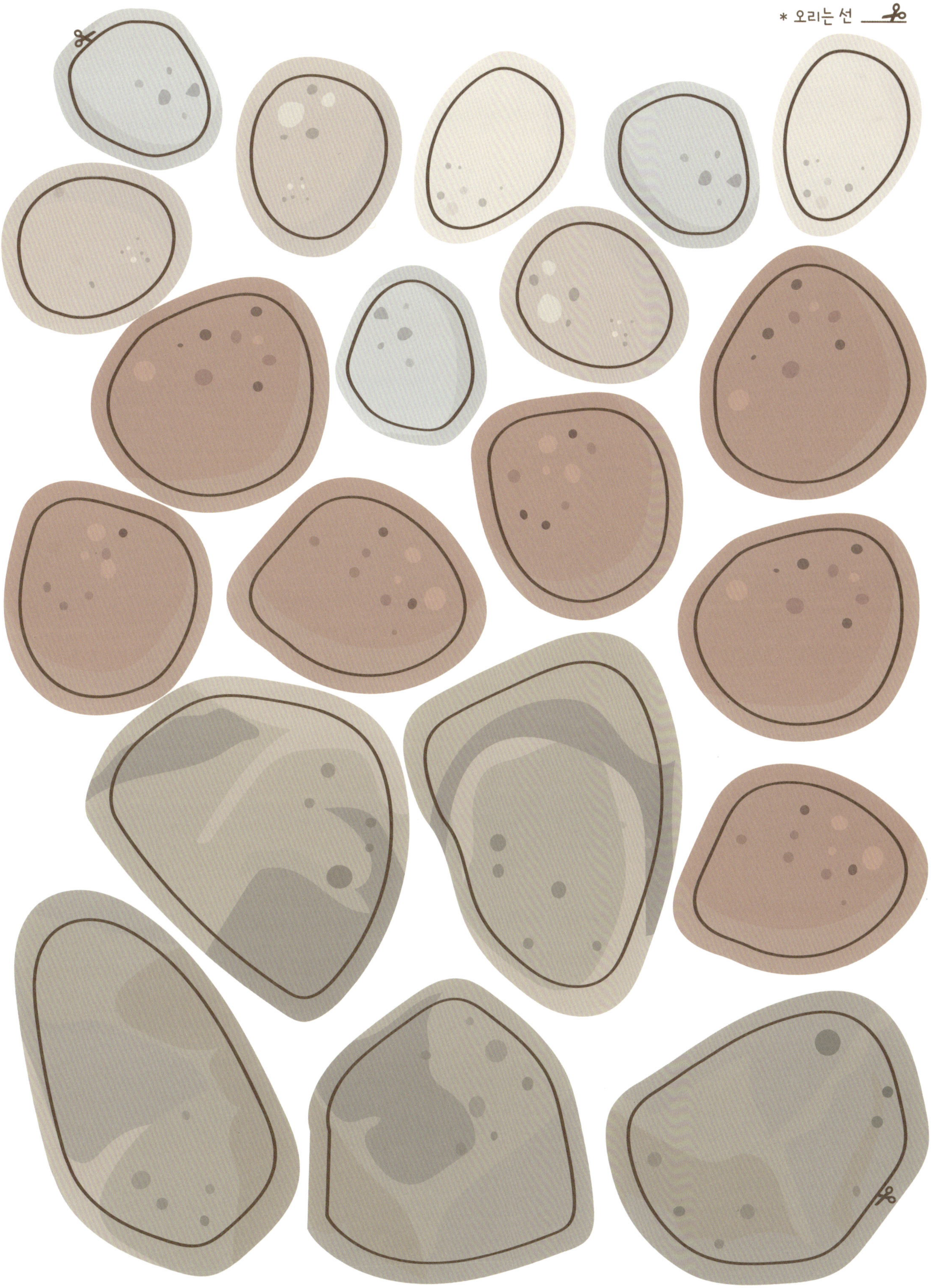

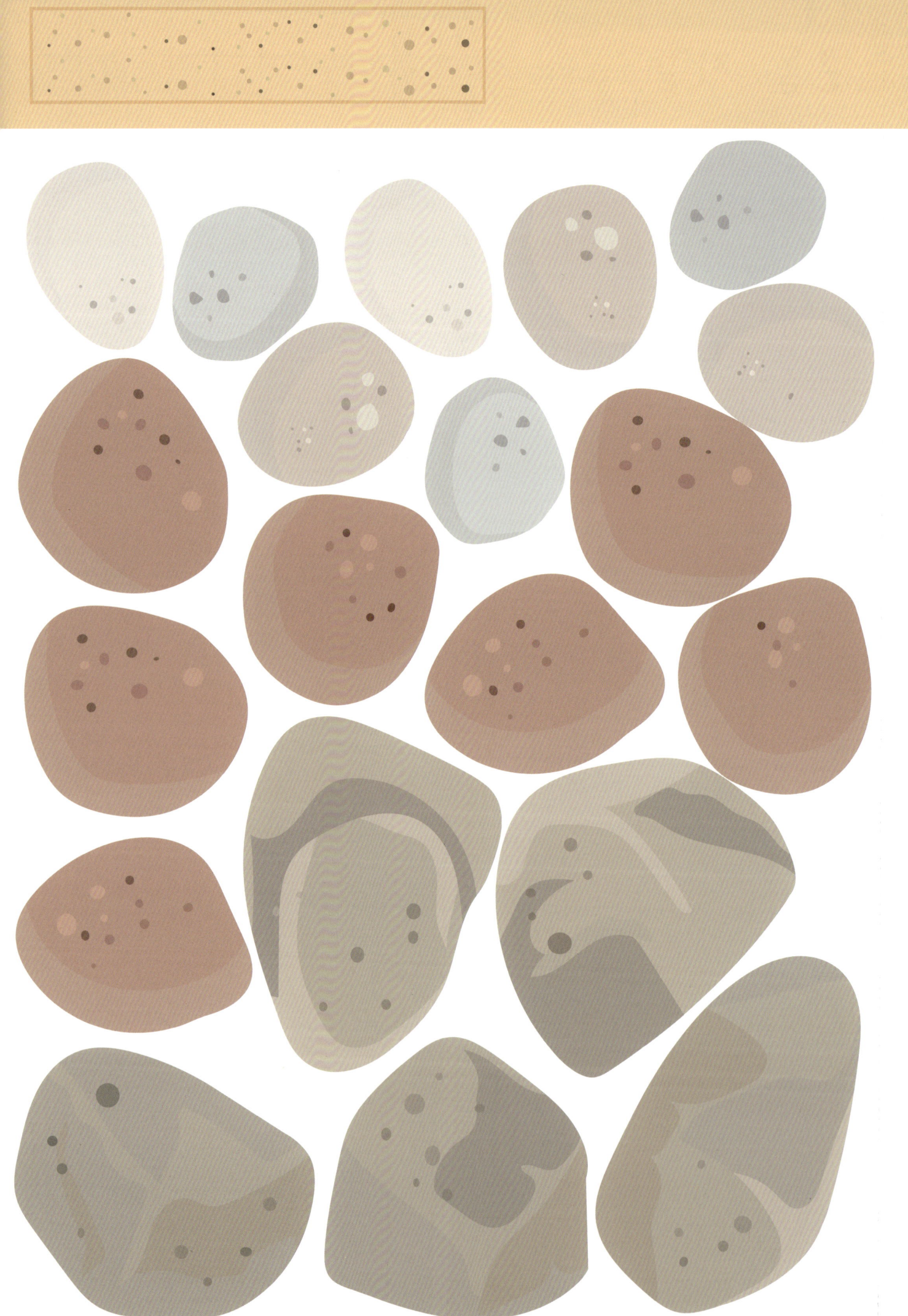

월   일   D ☐   D+1(/) ☐   D+7(/) ☐   D+30(/) ☐

쪽수

단원

쪽수

단원

월   일   D ☐   D+1(/) ☐   D+7(/) ☐   D+30(/) ☐

쪽수

단원

쪽수

단원

쪽수

단원